p5.js

プログラミングガイド

改訂版

松田晃一●著

CUTT
カットシステム

まえがき

光っているのは閉じた時間的曲線のあるトポロジーと、ないトポロジーを隔てる境界面。コンノ・カラバエフ・チェン真空が閉じた時間的曲線上のエネルギー発散を打ち消しているんです。
「私立時計ヶ丘高校タイムトラベル部」（小谷太郎著、中京出版）

p5.js は、「スケッチブックに絵を描くようにプログラムを作成できるようにする」ことを目指して開発され、デザイナ、アーティストなど普段プログラミングに慣れていない人たちが手軽に、Web 上でビジュアルメディアの作成が行えるよう設計されたプログラミングシステムです。このため、初めてプログラミングを勉強する人にも扱いやすく、学校などでのプログラミング教育にも使われています。2013 年からはじまった p5.js もついに 1.0 版がリリースされました。

本書は、そのような p5.js を用いたプログラミングの入門書です。プログラミングを学びたい初心者から、プログラムでいろいろなアプリケーションを作りたい方などが、楽しく、一人でも学べる点を意識し、エラーやトラブルに関しても説明しています。本書を読まれることでスマートフォンや PC で動くアプリケーションを作成できるようになるだけでなく、プログラミングの基礎、p5.js が提供している面白い機能——図形を描画する機能、マウス・キーボードを使ったインタラクティブなプログラムの作成機能、センサー、画像・動画・サウンドの表示・再生・制御機能、人工知能の活用・作成機能など——が一通り学べ、使えるようになります。

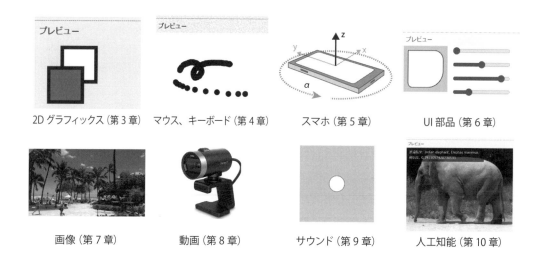

2D グラフィックス（第 3 章）　マウス、キーボード（第 4 章）　スマホ（第 5 章）　UI 部品（第 6 章）

画像（第 7 章）　　　動画（第 8 章）　　　サウンド（第 9 章）　　　人工知能（第 10 章）

p5.js で作成したプログラムは、他のプログラミング言語で作成したプログラムとは異なり、Web ブラウザで実行することができるので、簡単にインターネットで公開することができます。みなさんの作成されたプログラムを、ホームページや SNS にはったり、LINE で送ったりすることでインターネットを介してたくさんの人に見てもらったり、使ってもらうことができるのです。

　このような p5.js は、技術的には、Web ページを作成するのに必要な HTML5 と CSS、JavaScript をベースにした新しい Web ページ作成用のライブラリであり、アプリケーション作成環境（プログラミング環境）を提供するものです。JavaScript は現在世界で最も幅広く利用されているプログラミング言語であり、Web ブラウザで使用できるプログラミング言語です。

　p5.js を用いることで、Web アプリケーションや Web ページ作成に必要な HTML5 や CSS のことは知らなくても、アプリケーションを構築することができます。ブラウザごとに微妙に異なる方言のある HTML5、CSS、JavaScript を用いたプログラミングにちょっと食傷ぎみの方には朗報でしょう。p5.js がこのような方言を隠蔽し、すべてのブラウザで共通に使えるライブラリを提供してくれるため、みなさんはプログラミングそのものに集中することができます。ぜひ、p5.js でプログラミングの楽しさを味わってください。

　本書を読まれると Processing を使われたことのある方は、p5.js のプログラミングスタイル方法や提供されている専用のエディタが Processing のと似ていることに気づかれると思います。p5.js は、Processing を今日の Web テクノロジで再デザインされた新しい JavaScript ライブラリなのです。このため Processing よりも機能が充実しています。

　最後に、本書の執筆を通して見つかった p5.js のバグなどに関しては GitHub などを通じて報告し、修正されました。p5.js コミュニティに感謝します。ありがとうございました。また、本書の執筆の機会をいただけた株式会社カットシステムの石塚勝敏さん、編集を担当頂いた武井智裕さんに大変感謝します。それでは p5.js の世界をお楽しみください。

ついに 16 年ですか。けります三島にて

2021 年 10 月吉日

松田 晃一

目 次

■第8章　動画を扱う……205

■第9章　サウンドを扱う……221

第1章

p5.js って何?

　p5.js は、「ブラウザ」上で動くアプリケーションやそれを含む Web ページを開発するための新しいプログラミングライブラリです。図 1.1 に、p5.js で作成された Web ページの例を示します（https://otoro.net/planks/）。このページは、図形が動き、マウスドラッグで棒が出現し、丸いキャラクターの進行を妨げます。文字をクリックすると別のページが表示されます。

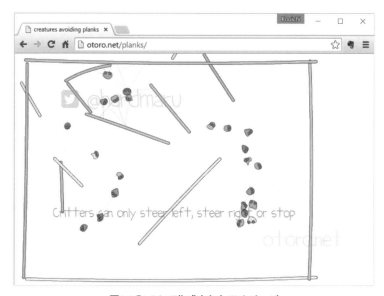

図1.1●p5.jsで作成されたWebページ

　これまで、このような Web ページは、HTML5 と CSS、JavaScript を組み合わせて作られていました。しかしながら、このようなページを HTML5、CSS、JavaScript を使って開発するのはそれぞれの知識が必要で大変でした。このため、簡易に作成できるようにするさまざまなライブラリが提供されてきました。例えば、Web ページの作成を容易にする jQuery や 2 次元ゲームを簡易に作成できる phina.js、3 次元グラフィックスを簡易に扱う Three.js などです。

　p5.js は、それらと同じ JavaScript ライブラリの一種で、これまでの HTML5、CSS、JavaScript によるプログラミング環境の上に「新しい」層を提供し、それより下の HTML、CSS を隠蔽し、それらの知識がなくても先ほどのような Web ページの作成ができます。

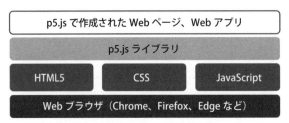

図1.2●p5.jsとそのプログラムの位置づけ

1.1 p5.js と Processing

　p5.js はデザイナやアーティスト向けに開発されたプログラミング言語／環境である Processing（プロセッシング）をベースに開発されています。Processing は、メディアアートやビジュアルデザインの作成などが簡単に行える開発環境です。デザイナやアーティストという普段プログラミングとはなじみが少ない方向けに開発されているため、その扱いやすさから、最近ではプログラミングの入門用の言語としても幅広く使われています。

図1.3●Processingのホームページ

　p5.js は、Processing の「プログラミングになじみが少ない人でもプログラミングができるようにする」というスタイルを踏襲しつつ、JavaScript で開発できるようにしたもので、作成したプログラムをブラウザ上で実行、簡単にネットで公開できます。このため、p5.js は今日の Web テクノロジーを背景に Processing 以上の機能拡張がされています。p5.js のカバーする範囲は非常に広く、HTML5 と JavaScript が可能にする機能のほとんどが扱えます。

1.2　p5.js が提供する機能

p5.js は、以下のような機能を提供しています。

（1）2 次元図形の描画
（2）テキストの表示や入力
（3）ボタンやスライダー、ファイル選択ボタンなどの UI 部品の作成、配置
（4）画像の表示、動画再生や Web カメラからの画像や音声の取り込み
（5）音などの入力、再生、加工
（6）人工知能、音声合成、音声認識、2D ゲーム作成機能、Arduino との連携

　これらがどのような機能であるかはサンプルプログラムを動かして見るとわかりやすいでしょう。p5.js のホームページにはたくさんのサンプルプログラムが公開されています。

1.3 サンプルプログラムを実行する

p5.js のサンプルプログラムは、p5.js のホームページからたどっていけます。以下に p5.js のホームページ（`https://p5js.org/`）を示します。

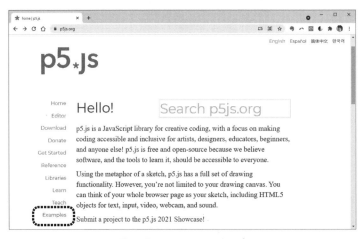

図1.4●p5.jsのホームページ

ここで、ページの左に並んでいる「Home Editor Download …」という文字列の下のほうに Examples というのがあります。クリックすると以下のようなサンプルプログラムのページが表示されます。

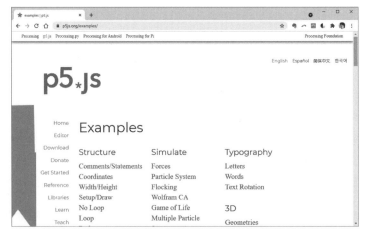

図1.5●サンプルプログラムのページ

1

この中から好きなものをクリックしてみてください。例えば、以下は、「Load/Display Image（画像の読み込みと表示）」という表示のサンプルプログラムをクリックした例です。これは、宇宙飛行士の画像を読み込んで表示するものです。実行結果が上半分に表示され、その下にサンプルプログラムが表示されています。

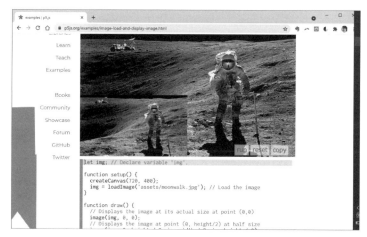

図1.6●Load/Display Imageを実行した結果

他にも興味があるものを実行してみるとどのようなことが可能になるのかわかるでしょう。

1.4 プログラムの開発方法

p5.js は、HTML5 と JavaScript をベースにしているため、プログラムを作成するのに特別な開発環境やエディタは必要ありません。テキストエディタとブラウザさえあればプログラムを作成できます。例えば、Windows では「メモ帳」でも大丈夫です。

p5.js ではブラウザ上で動く p5.js 用のエディタ（p5.js Web エディタ）が公開されており、これを使うと必要なものはブラウザだけになります。p5.js でプログラムを作成するには次の2つの方法があります。

（1）p5.js が提供する p5.js Web エディタを用いる
（2）（1）以外のエディタ（Visual Studio Code、Atom、Emacs など）を用いる

以下では、（1）、（2）の順で説明します。本質的には両方とも同じです。

1.5 p5.jsWeb エディタを用いる

　p5.js Web エディタがどのようなものか見てみましょう。p5.js Web エディタは、Web ページ上で動くエディタであり、インストールの必要がありません。p5.js Web エディタを起動してみましょう。パソコンがネットワークに繋がっていることを確認して、先ほどの p5.js のホームページの左側のメニューの上から 2 つ目に表示されている Editor をクリックするか、https://editor.p5js.org/ にアクセスしてみてください。p5.js Web エディタを起動すると図 1.7 のような画面が表示されます。これは Processing の開発環境とよく似ており、Processing でプログラム作成したことのある方なら、おなじみでしょう。

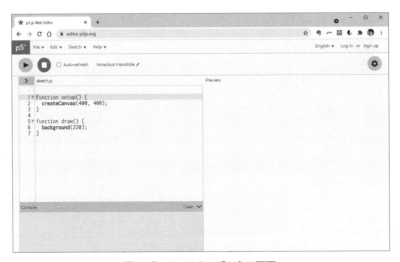

図1.7●p5.js Webエディタの画面

　この p5.js web エディタは、次のような特徴を持っています。

- JavaScript、html、css の編集支援機能（構文のハイライト、括弧の自動挿入など）
- プログラムの作成、保存、アップロード、共有機能
- プログラムの実行機能（サーバを介して実行される）
- メッセージの表示機能

　これらの機能のおかげで、エディタを起動するだけで p5.js のプログラムの作成に必要なファイルが自動的に準備され、実行できる環境が整い、すぐにプログラミングを開始できます。これま

での HTML と JavaScript、CSS を用いたプログラムの開発環境とは異なり、HTML を意識したり、HTML と JavaScript のプログラムの間を行ったり来たりする必要がほとんどなく、プログラム作成だけに集中できるようになっています。

1.5.1　最初のプログラムを実行してみる

p5.js Web エディタを起動すると最初に表示されるプログラムを実行してみましょう。すでに以下のようなプログラムが入力されています。

```
1  function setup() {
2    createCanvas(400, 400);
3  }
4
5  function draw() {
6    background(220);
7  }
```

このプログラムはそのまま実行できるものです。左上の横向き三角形▶（実行ボタン）をクリックしてみてください。以下のように右側に灰色の四角形が表示されます。

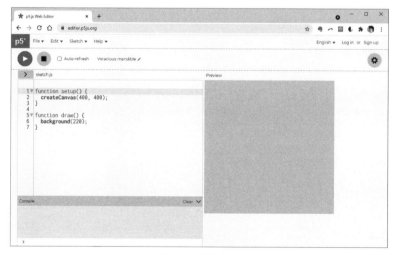

図1.8●プログラムの実行

ここで、6行目の220という数字を0に変更して実行してみましょう。今度は黒い四角形が表

示されます。

図1.9●background(0)に変えて実行した結果

このように、p5.js Web エディタでは左側のプログラムを変更したものを実行することですぐに右側の領域（プレビュー）で確認することができます。

今度は行を追加してみましょう。丸を描画するようにしてみます。6行目の行末をクリックして、Enter キーを押してください。7行目が用意されます。そこに以下を入力してください。

```
ellipse(56, 46, 55, 55);
```

入力していくと、開き括弧「(」を入力すると自動的に閉じ括弧「)」が入力されます。これはp5.js Web エディタのプログラム作成支援機能の1つです。カーソルはちょうど括弧の間に表示されるので、そのまま、残りの「56, 46, 55, 55」を入力し、行末にセミコロン「;」を入力すればOK です。表示は以下のようになります。

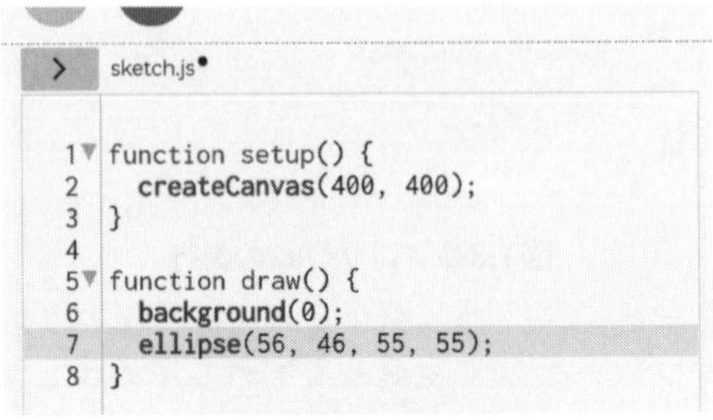

```
 1▼ function setup() {
 2      createCanvas(400, 400);
 3  }
 4
 5▼ function draw() {
 6      background(0);
 7      ellipse(56, 46, 55, 55);
 8  }
```

図1.10●新しい行の追加

　ellipse が青文字で表示されていない場合は、入力が間違っている可能性があります。確認して
ください。再度、実行ボタンを押してみます。今度は、丸が描画されます。

図1.11●追加したプログラムの実行結果

1.5.2　エディタの機能

　このような p5.js Web エディタの画面は大きく 5 つの部分からできています。

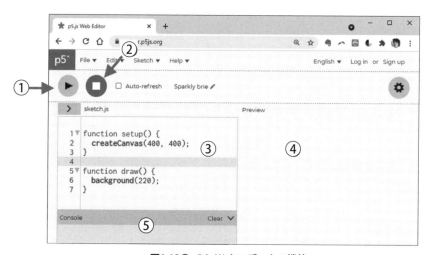

図1.12●p5.js Webエディタの機能

それぞれの機能は次の通りです。

① 　実行ボタン：プログラム（スケッチ）を実行するためのボタン
② 　停止ボタン：実行したプログラムを停止するためのボタン

③　プログラム編集領域：プログラムを入力、編集する
④　プレビュー領域：実行ボタンを押した場合に、プログラムの実行結果を表示する
⑤　コンソール：プログラムが出力したメッセージやエラーメッセージが表示される

　まずは、これくらいがわかっていれば大丈夫です。メニューはその都度必要なものを説明していきます。まず、メニューが英語になっているので日本語にしましょう。メニューで「English」と表示されている部分をクリックし、「日本語」を選ぶと以下のようになります。

図1.13●日本語化された表示

1.5.3　p5.js が提供するサンプルプログラムを実行する

　1.3 節ではホームページからサンプルプログラムを実行しましたが、p5.js Web エディタにはサンプルプログラムを呼び出して実行できる機能があります。ファイルメニューをクリックしてみてください。以下のように表示されます。

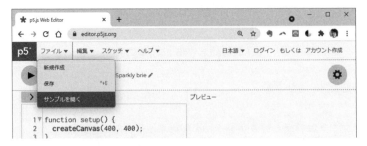

図1.14●サンプルプログラムへのメニュー

ここで、一番下の「サンプルを開く」を選ぶと次のようなサンプル名の一覧が表示されます。

図1.15●サンプルプログラムの一覧

1.3 節で実行した Image: Load and Display を実行してみましょう。左上の検索ボックスに「Image: Lo」くらいまで入力すると候補が 1 つになります。それをクリックすると以下のようにプログラムが表示されます。

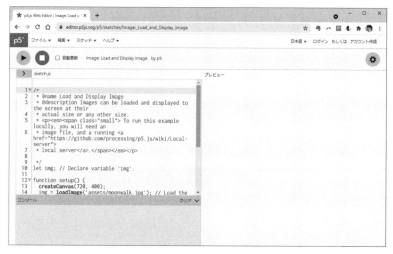

図1.16●表示されたサンプルプログラム

あとは、実行ボタンをクリックするだけです。先ほどと同じ画像が表示されます。

図1.17●実行されたサンプルプログラム

このように p5.js ではホームページからも、また、後で説明するようにエディタからも簡単にサンプルプログラムを表示することができます。プログラム作成中に、興味を持った機能がどのように作られているかをサンプルプログラムで簡単に調べたりすることができ、プログラム開発がしやすくなっています。

1.5.4　プログラムの入力とエディタの挙動

では、ここでプログラムを入力しながらエディタの挙動を説明しましょう。p5.js の機能については第 2 章以降で説明しますので、ここではサンプル通りに入力してみてください。プログラムの作成は、1.5.1 節でやってみたように、左側のプログラム編集領域 にプログラムを入力していくことで行います。新しく作成する場合は、ファイルメニューから「新規」を選択してください。最初に見たように、以下のように表示されます。

リスト1.1●最初に表示されるsketch.js

```
1  function setup() {
2    createCanvas(400, 400);
3  }
4
5  function draw() {
6    background(220);
7  }
```

先ほどは図形を表示したので今度は文字列を表示してみましょう。6 行目の最後をクリックして Enter キーを入力すると 7 行目が用意されますので以下を入力してください。

リスト1.2●新しい行の入力

```
    ...
 5  function draw() {
 6    background(220);
 7    text("hello", 40, 50);
 8  }
```

ここではポイントがわかりやすいように 1 ～ 4 行目までは省略してありますが、みなさんのプログラムからは削除しないでください。文字が太くなっている箇所は変更部分などをわかりやすくするため で、実際に太字で表示される訳ではありません。

リスト 1.2 を打ち込み終ったら実行ボタンをクリックしてプログラムを実行してみると以下のように「hello」という文字列が表示されます。

図1.18●リスト1.2の実行結果

ここでプログラムの入力を間違えた場合にどうなるかを見てみましょう。7 行目を以下のように書き換えてください。最後の 50 がなくなっていることがわかります。

```
text("hello", 40);
```

詳しくは第 2 章で説明しますが、text は text("hello", 40, 50); のように 2 つの数字が必要なのでこれは間違いです。このまま実行してみましょう。今度は、以下のように、プレビュー領域には文字列は表示されず、代わりに、コンソールにメッセージが表示されます。

図1.19●エラーメッセージ

表示されているメッセージは以下で、エラー（間違い）が検出されたことを示します。

> 🌸 p5.js says: text() was expecting at least 3 arguments, but received only 2. (on line
> 7 in sketch.js [/sketch.js:7:3]). (http://p5js.org/reference/#/p5/text)
> 「text()は少なくとも3つの引数を必要とするが、2つしかない(sketch.jsの7行目)」

残念ながらメッセージはすべて英語です。英文は平易ですが、わかりにくい場合はインターネットの翻訳サイトなどを利用するとよいでしょう(エラーに関しては2.16.1節参照)。ここでは、40の後に「, 50」を追加すると正常に実行できるようになります。

また、プログラムを入力しているとエディタが行番号を赤く表示することがあります。以下は、7行目に「h="hello"」と入力したところですが、文の後ろにセミコロン「;」がないので間違いであることを示しています。該当箇所に赤い波線も表示されていることがわかります。

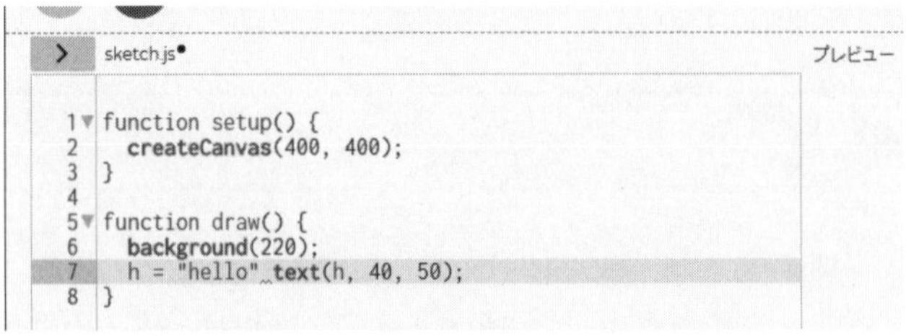

図1.20●赤い行番号の表示と該当箇所の波線

このような場合には該当箇所にマウスカーソルを重ねるとメッセージが表示されます。これは入力途中でも表示されますが、その場合は正しく入力されると表示が消えます。

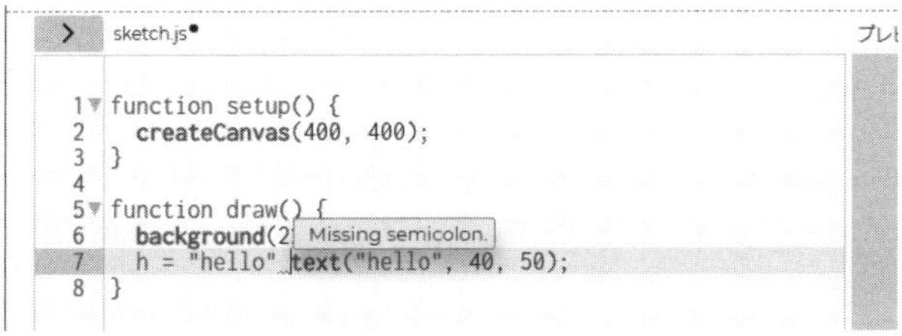

図1.21●赤い波線に関するエラーメッセージの表示

ここでは、「Missing semicolon」（セミコロンがない）と表示されているので、赤い波線の部分にセミコロンを入力すればエラーは表示されなくなります。

次に、行番号が赤ではなく、黄色になることもあります。これはエラーではなく間違っている可能性があることを示す警告（Warning）です。例えば、以下のように入力してみます[1]。

```
if (h = "hello")
```

今度は、行番号7が黄色くなり、間違っていそうな箇所に黄色い波線が表示されます（印刷でわかりにくい場合は入力してみてください）。この行は、if 文の条件が h = "hello" と代入になっているのは h == "hello" の書き間違いではないかと警告してくれているのです。これもマウスカーソルを重ねるとメッセージが表示されます。

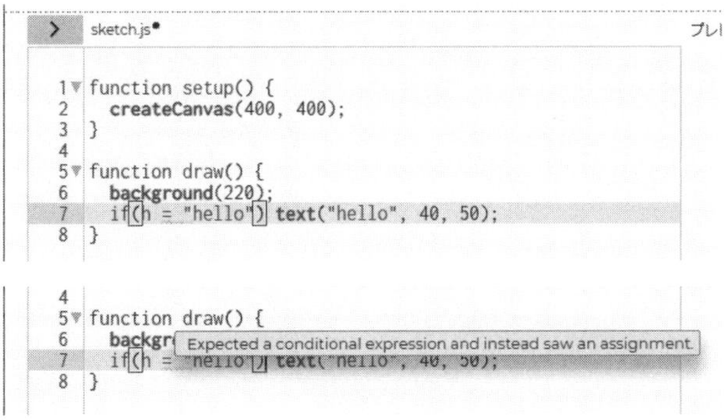

図1.22●黄色い行番号の表示（上）と波線に関するエラーメッセージの表示（下）

※1　if 文は 2.8 節で説明しますが、ここでは入力の練習とエディタの挙動に慣れるのが目的なのでそのまま入力してみてください。

「Expected a conditional expression and instead saw an assignment」（条件式ではなく代入が使われている）と表示されています。この場合には、= を == に直せば警告は消えます。警告はエラーではありませんが、正しく動くように警告もできるだけなくしましょう。

最後にエラーとは関係ありませんが、もう1つ便利な機能を見てみましょう。プログラムをいろいろ編集していると以下のようになってしまうことがあります。例えば、以下では4行目や6行目の字下げ（インデント）がおかしくなってわかりにくくなっています。

```
1  function setup() {
2    let a, b;
3   if (a === 0) {
4   a += 1;
5        b = a / 2;
6      }
7  }
```

これを1つ1つ直していくのは大変です。ここで編集メニューにある「コード整形」を使ってみましょう。メニューを表示しクリックすると以下のように整形してくれます。

```
1  function setup() {
2    let a, b;
3    if (a === 0) {
4      a += 1;
5      b = a / 2;
6    }
7  }
```

もし、インデントが自分の想定と違えば、どこか入力し間違えている可能性もあるので、エラーの確認にもなります。また、編集メニューには「検索」、「置換」があることもわかります。

1.5.5 保存

作成したプログラムを保存してみましょう。ファイルメニューの「保存」をクリックすると、次のようなウインドウが表示されます。

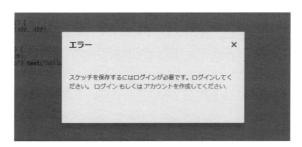

図1.23●保存のためにログインを促すウインドウ

「スケッチを保存するにはログインが必要です」とあります。「スケッチ」というのはProcessing の用語で、プログラムのことを指します。p5.js Web エディタはプログラムをインターネットで公開しやすいように、Web サーバ上に保存するようになっています。このためログインが必要になります。ここでログインするとそれまでの入力内容は消えてしまうので注意してください。たいしたプログラムを入力した訳ではないので、ログインしてしまいましょう。まずは、右上の×をクリックしてこのウインドウを閉じます。

p5.js Web エディタの右上を見ると「ログインもしくはアカウント作成」とあります。これは、Google などのすでにお持ちのアカウントを使用するか、p5.js 用にアカウントを作成するかの違いです。既存のアカウントの方が簡単なので、それでログインします。メニューの右側の「ログイン」をクリックすると以下のように表示されます。

図1.24●ログインウインドウ

ここでは、「もしくは」の下に「Github でログイン」と「Google でログイン」のうち、Googleでログインしてみます。このボタンをクリックするとアカウントを指定するウインドウに切り替

わり、指定するとその ID でログインできます。

図1.25●ログイン後の表示

右上に名前が表示されていることがわかります。これでログイン完了です。このままファイルメニューから「保存」を選ぶと「スケッチを保存しました」と表示され、サーバに保存されます（Ctrl キー＋s キーでも保存できます）。

ファイル名を指定したい場合は、「自動更新」の右に表示されている文字列をクリックすることで変更できます。以下は「My First Sketch」に変更しているところです。Enter キーを入力すると保存されます。

図1.26●ファイル名の変更

このようにして保存したプログラムは、ファイルメニューの「開く」で表示させることができます。また、ログインによりファイルメニューの項目が増えていることに気づかれたかもしれません。

図1.27●ログイン後のファイルメニュー

「開く」をクリックすると以下のように表示され、スケッチ名をクリックするとその内容が表示されます。

図1.28●「開く」メニューの実行

一度保存したものは、変更後、再度保存すると上書きされます。エディタの自動保存機能でも保存されます。また、別のファイルとして保存したい場合は「別名で保存」を使ってください。

1.5.6 共有

p5.js Web エディタが Web ページ上で動くことの最大の利点は、作成したプログラムを友達と共有したり、自分のホームページで公開したりすることが簡単にできる点です。ファイルメニューの「共有」をクリックしてみましょう。

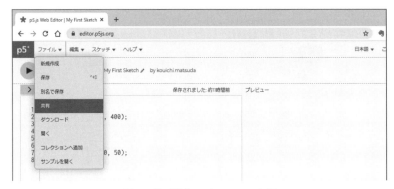

図1.29●「共有」メニューの実行

次のようなウインドウが表示されます。

図1.30●共有のダイアログボックス

それぞれを簡単に説明します。（1）以外は、右側の矢印のボタンをクリックすると実行されど
のように表示されるかがわかるようになっています。よく使うのは（1）と（2）です。

(1) 埋め込み：Web ページの一部にする場合に使います。このコードをコピーして、HTML に
そのまま貼り付けることができます。
(2) プレゼンモード：p5.js Web エディタのプレビューに表示されたものが表示されます。
(3) フルスクリーン：ブラウザの「フルスクリーンモード」で使用するものです。
(4) 共同編集：これは、自分のプログラムを他の人と共有したいときに使います。

1.5.7　ダウンロード

1.5.5 節「保存」で、「保存するとプログラムはサーバに保存される」と説明しました。これは、先ほどのように友達に見せたりするときには便利なのですが、自分の PC に保存したい場合もあります。その場合に使用するのがファイルメニューの「ダウンロード」です。

これを選択すると My_First_Sketch_2021_07_17_01_39_43.zip という zip 形式でプログラムがダウンロードされます。zip 形式になっているのは、p5.jsのプログラムが複数個のファイルからなっているからです。中を見てみます。

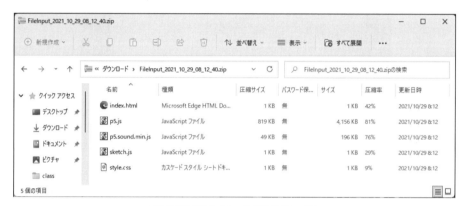

図1.31●ダウンロードされたファイル

ご覧のように、5 つのファイル（index.html、p5.js、p5.sound.min.js、sketch.js、style.css）があります。p5.js と p5.sound.min.js は p5.js でプログラムを作成する際に用いるライブラリです。sketch.js の中にみなさんの書かれたコードが入っています。

1.5.8　エディタの設定

p5.js エディタは外観やいくつかの機能を変更することができます。エディタの右上の歯車アイコンをクリックすると以下のようなウインドウが表示されます。

図1.32●設定用のダイアログボックス

- テーマ：テーマを選択すると表示色や背景色が切り替わる
- フォントサイズ：プログラムなどのフォントサイズを指定
- 自動保存：プログラムの変更を自動保存するかどうかを指定
- 括弧を自動的に閉じる：開き括弧を入力した場合に、自動的に閉じ括弧を入力するかを指定
- ワードラップ：入力した文字列が右端までいったら自動的に折り返して表示するかを指定

これで p5.js Web エディタの説明はおしまいです。後は、プログラムを入力しながら慣れていきましょう。説明していない機能もありますが、それらは以降の章で必要に応じて説明していきます。

1.6 他のエディタで開発する

p5.js エディタ以外のテキストエディタ（Visual Studio Code など）で p5.js のプログラムを開発する場合の説明をします。この場合、必要なファイルには index.html、style.css、sketch.js で、これらは本書のサンプルプログラムとして提供されています（https://cutt.jp/books/978-4-87783-510-1/）。index.html をちょっと見てみましょう。以下のようになっています。

リスト1.3●index.html

```
1  <!DOCTYPE html>
2  <html lang="utf8">
3  <head>
4    <script src="https://cdnjs.cloudflare.com/ajax/libs/p5.js/1.4.0/p5.js"></script>
5    <script src="https://cdnjs.cloudflare.com/ajax/libs/p5.js/
                                     1.4.0/addons/p5.sound.min.js"></script>
6    <link rel="stylesheet" type="text/css" href="style.css">
7    <meta charset="utf-8" />
8  </head>
9
10 <body>
11   <script src="sketch.js"></script>
12 </body>
13 </html>
```

11行目でsketch.jsを読み込んでいることがわかります。これからわかるように実際のプログラミングは、このsketch.jsに行います。sketch.jsを見てみましょう。次のようになっています。

リスト1.4●sketch.js

```
1  function setup() {
2    createCanvas(400, 400);
3  }
4
5  function draw() {
6    background(220);
7  }
```

これを実行すると図1.8のような灰色の四角形が表示されます。HTMLとJavaScriptからなるプログラムを実行する場合は、Webサーバ経由で実行する必要があります。例えば、Visual Studio Codeには拡張機能としてLive Serverがあり、これを利用するとローカルにWebサーバが起動され、それ経由でプログラムを実行することができます。Live ServerはVisual Studio Codeの［ファイル］→［ユーザ設定］→［拡張機能］からインストールすることができます。インストールした後に、「拡張機能」を表示すると以下のようにLive Serverが表示されます。

図1.33●Visual Studio CodeのLive Server

　右下に「Go Live」と表示されているのがわかります（以下に、拡大したものを示します）。これをクリックするとWebサーバ経由でプログラムを起動することができます。

図1.34●Live Server経由でのプログラムの実行

　このようなWebサーバ機能がない場合は。ApacheなどのWebサーバをインストールしてそれを介して起動するか[2]、ブラウザを起動してそこに先ほどのindex.htmlをドロップしてください。本来はWebサーバを介してブラウザに読み込ませるべきところですが、第4章くらいまではこれで十分に動きます。

※2　手軽なのは xampp（https://www.apachefriends.org/jp/index.html）などです。

1.7　本書のサンプルプログラムの使い方

　本書のサンプルプログラムは https://cutt.jp/books/978-4-87783-510-1/ で公開されています。ブラウザで表示すると各サンプルプログラムへのリンクがあります。

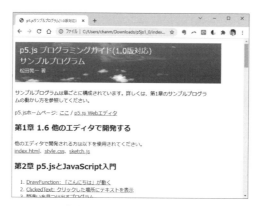

図1.35●本書のサンプルプログラム公開ページ

　クリックすると以下のように p5.js Web エディタが起動します。実行ボタンを押すと実行できます。以下は実行ボタンを押して実行した様子です。

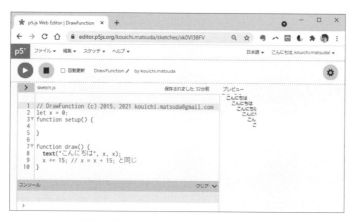

図1.36●サンプルプログラムへのリンクをクリックした例

1.8 本書を読む上での注意

　本書には関数（2.12 節参照）の説明がたくさん出てきます。関数の説明で、引数が大括弧 [と] で囲まれている場合があります。これはその引数は必須ではないことを示します（オプション引数といいます）。例えば、以下の場合は、value という 2 つ目の引数は、指定してもしなくてもかまいません。

```
createButton(label, [value])
    ボタンを作成する。
引数    label   ボタンに表示する文字列
        value   ボタンが持つ値（文字列が設定可能）
戻り値  ボタンを管理するオブジェクト（button タグを保持する p5.Element）
```

ですので、この関数は、次の 2 つの使い方ができます。

```
createButton("表示");              // 引数が1つの場合
createButton("表示", "visible"); // 引数が2つの場合
```

1.9 まとめ

　本章では p5.js の概要と、p5.js Web エディタの使い方、本書のサンプルプログラムの使い方などについて簡単に説明しました。p5.js は、みなさんが使われているエディタとブラウザだけでプログラムの開発ができますが、p5.js Web エディタを用いると、より手軽にプログラム作成、実行、共有ができます。以降の章では p5.js Web エディタをベースに説明し、そのプレビュー領域（図1.12）をスクリーンショットに用いますが、他の環境でも表示は同じです。それでは、p5.js のプログラミングに入っていきましょう。

第2章

p5.js 入門

第1章では、本書でプログラム作成に用いる p5.js とその開発環境の概要を説明しました。本章では、p5.js の基本的なプログラミング機能について説明します。すでに Processing を使っていて、JavaScript でプログラムを作成したことのある方は、すぐに第3章に進まれ、わからない箇所が出てきたら本章を参照してください。Processing はあまり知らなくても JavaScript の経験がある方は、2.15節の「システム関数とシステム変数」だけ読めばよいでしょう。

2.1 プログラム作成の準備

本章以降の説明では、p5.js Web エディタの起動時に入力されているプログラムはそのまま使用しません。これは、システム関数（2.15節）の説明が終わってからでないと混乱のもとなので、以下の2行目と6行目を削除したものを用います。

```
1  function setup() {
2    createCanvas(400, 400);
3  }
4
5  function draw() {
```

```
6    background(220);
7  }
```

つまり、以下のような形です。

```
1  function setup() {
2
3  }
4
5  function draw() {
6
7  }
```

p5.js ではプログラムは 1 行目の setup から順に実行されていきます。本章のプログラムを試す場合は、2 行目から入力してください。ちなみに、1 行目の function は 2.12 節、setup や 5 行目の draw については 2.15 節で説明します。

2.2 プログラムの書き方

p5.js でプログラムを入力する際の注意を以下に示します。

（1）半角文字で書く

p5.js では他のプログラミング言語と同様に、半角の英数字と半角の記号で書きます。全角文字は使えません[1]。ただし、文字列（2.4 節）や、変数（2.5 節）、コメント（2.6 節）では全角文字が使えます。

（2）大文字と小文字は区別して書く

これも他のプログラミング言語と同様、プログラムでは大文字と小文字は別の文字として扱われます。例えば、text という関数は、Text と書くと別のものになりエラーになります。

---

[1] 特に全角のスペースは、目では半角のスペースと区別がつかないので注意してください。

2.3　プログラムの処理の流れ

　第1章の「hello」と表示するプログラムを「こんにちは」と表示するプログラムに変更したものを用いて処理の流れを説明しましょう。日本語を表示するのは簡単です。"hello" を " こんにちは " に書き換えるだけです。なお、5行目の draw 以降は同じなので省略してあります。

```
1  function setup() {
2    text("こんにちは", 40, 30);
3  }
4
5  function draw() {
   ...
```

　「こんにちは」以外、すべて半角の英数字で書かれています。「こんにちは」はダブルクオート (") で囲まれており、" " で囲むと次の節で説明する「文字列」になります。文字列には、漢字やひらがな、カタカナのような全角文字も使うことができます。

　2行目の text というのは、それに続く括弧内の情報を用いて「文字列を描画せよ」と指示する命令の一種で「関数」と呼ばれます（2.12 節）。最後のセミコロン（;）までが1つのまとまりで、これを「命令文」とか単に「文」と呼びます。ここでは、括弧の中は、カンマ（,）で区切られた値が3つ書かれています。" こんにちは " と 40 と 30 です。この命令文は、text 関数を用いて、括弧の中で最初に指定された文字列を、その次に 40 と 30 で指定された場所に描画せよ、ということを指示しています。

　では、この場所はどこでしょうか。以下に数学で習う座標系（左）と p5.js の座標系（右）を示します。

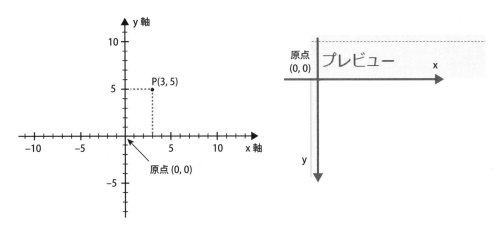

図2.1●座標系（左は数学の座標系、右がp5.jsの座標系）

　数学で習う座標系と p5.js のとは y 軸の方向が異なります。p5.js は下に行くほど y の値が増えます。この x と y が正の領域が描画領域になります。(–40, –30) という負の座標も使えますが、描画領域の外に出てしまうので表示されません。初期状態では (0, 0) から (100, 100) の範囲が描画領域となっており、その外に描画しても表示されないのです（サイズは、プログラムで変更できます。2.15.2 節参照）。原点 (0, 0) は画面の左上隅になるので、(40, 30) は左上隅から 40 だけ右、30 だけ下の場所を意味し、文字列はそこに表示されます。

　このプログラムを実行すると黒字で「こんにちは」と表示されました。これを薄い灰色にしてみましょう。以下の 1 行を追加して実行してください。

```
1  function setup() {
2    fill(128);
3    text("こんにちは", 40, 30);
4  }
```

　今度は次のように、灰色の文字で表示されます。

プレビュー

こんにちは

図2.2●文字の色を変える

追加した fill 関数は、色（グレースケール）を指定するものです。1 つだけ指定すると、0 か

ら255の値をとり、0が真っ黒、255が真っ白を表します[2]。ですので、その間はその大きさの濃度の灰色になります。

最小値：0　　　　　　　　　　　　　　　　　　　　最大値：255

図2.3●グレースケールの階調

fill(128); という文は、p5.jsが持つパレットに灰色の絵の具をのせるのに似ています。text関数は文字列を描画する絵筆のようなものです。この絵筆はパレットに乗っている絵の具で文字を書きます。このため、ここでは灰色で文字が書かれることになります。なお、何も指定しない初期状態では黒い絵の具がのっています。

p5.jsは他のプログラミング言語と同様に、プログラムを上から下に1つずつ実行していきます。ここでは、2行目の fill で色を灰色に設定し、その色で3行目で文字列を描画するので灰色で文字が書かれます。この順番を逆にしてみましょう。

```
1  function setup() {
2    text("こんにちは", 40, 30);
3    fill(128);
4  }
5
6  function draw() {
     ...
```

実行すると、今度は「こんにちは」は黒で表示されます。最初に文字列が描画されるので初期状態（黒）で描画され、それから色を指定しているからです。次のように4行目に text 文を加えてみてください。

```
1  function setup() {
2    text("こんにちは", 40, 30);
3    fill(128);
4    text("hello", 40, 50);
5  }
6
```

※2　他にも、色を指定できます。たとえば、赤の場合にはRGB値を書き、fill(255,0,0)となります（3.4.2節参照）。

```
7  function draw() {
     ...
```

実行すると次のようになります。

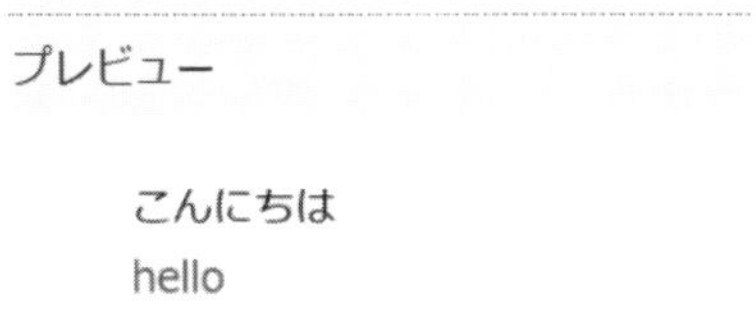

プレビュー

こんにちは
hello

図2.4●下の文字が灰色になる

今度は 4 行目の text の文字列 Hello は灰色で描画されます。3 行目の fill(128) で色が灰色に設定されているからです。次ぎに、fill を最初に持っていってみましょう。

```
1  function setup() {
2    fill(128);
3    text("こんにちは", 40, 30);
4    text("hello", 40, 50);
5  }
6
7  function draw() {
     ...
```

実行すると、今度は両方とも灰色で表示されます。これは最初に色を指定して、それから " こんにちは " と "hello" を描画しているからです。このように、プログラムは実行する順番で結果が変わることに注意してください。

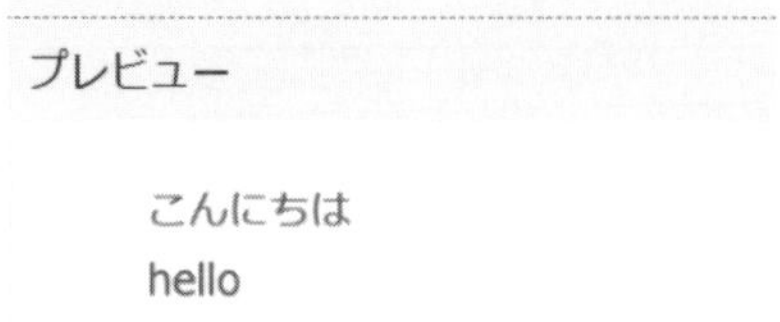

プレビュー

こんにちは
hello

図2.5●両方とも灰色で表示される

それでは、ここで出てきた、128 とか、40 とか " こんにちは " など p5.js で扱えるデータにどのようなものがあるのか見てみましょう。

2.4 扱えるデータ（数値、文字列、論理値）

p5.js では、次の 3 種類のデータが扱えます。

(1) 数値

整数（0、1、2、–10、830 など）と小数[※3]（3.14 や 837.6 など）が扱えます。前の節の 40 とか 30 とかはすべて数値データであり、整数でした。

(2) 文字列

文字列は、文字（a ～ z、A ～ Z、0 ～ 9、記号、全角文字）が複数個集まったもので、前の節で説明したように半角のダブルクオート（"）もしくは半角のシングルクオート（'）で囲まれたものです。以下に、全角と半角文字が混在した例を示します。

" ラルフ 124C41+"

(3) 論理値（ブール値）

true（真を表す）と false（偽を表す）を論理値といいます。論理値は、2.9.3 節で説明しますので、それまでは気にしないで大丈夫です。

これらのデータは、前の節のサンプルプログラムのように、そのまま使用したり、次で説明する変数に代入して使用したりします。

※3　浮動小数点数。この言葉は、小数をコンピュータで扱う場合の内部表現方法に由来します。小数点の位置が固定された小数（固定小数点数）に対し、小数点が動く（浮動する）ことから浮動小数点数と呼ばれます。

2.5 変数

変数は、数学で出てきた変数 x や y と同じと考えてかまいません。数学が苦手な方は、データを入れておく入れ物（よく「箱」に例えられる）だと考えてください。

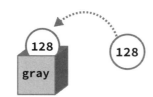

図2.6●変数はデータを入れておく入れ物

変数の「変」の文字が表すようにその内容をいつでも変更することができます。数学の変数と異なるのは、前の節で説明したどのデータでも入れておける（代入できる）点です。数値以外のデータ、例えば文字列なども代入できます。

2.5.1 変数を定義し、使う

では、前節のサンプルプログラムで変数を使ってみましょう。最初の部分を再掲します。

```
1  function setup() {
2    fill(128);
3    text("こんにちは", 40, 30);
   ...
```

ここで2行目の fill(128) の 128 は灰色を表すと説明しましたが、128 という数値のままだと意味がわかりません。灰色を表す gray という変数にしてみましょう。以下を入力して実行してみてください。「//」の後はコメント（2.6 節参照）で、実行には影響しません。

```
1  function setup() {
2    let gray;      // grayという名前の変数を使用することを定義する
3    gray = 128;    // grayに128を代入する                       grayの値：  128
4    fill(gray);    // grayという変数を使用する
5    text("こんにちは", 40, 30);
```

```
6    text("hello", 40, 50);
7  }
8
9  function draw() {
     ...
```

これを実行すると、前のサンプルプログラムと同じ様に灰色で「こんにちは」、「hello」と表示
されます。2 行目で使用する変数を定義しています。変数は定義してから使います。変数の定義
方法には決まりがあり、let というキーワードを使用して次のように書きます。

```
let 変数名 ;
```

let と変数名の間は 1 文字以上の半角スペースをあけ、変数名の後にセミコロン（;）をつけま
す。2 行目で gray という変数を定義しています。これで gray という入れ物（変数）が準備（定義）
されました[4]。

　変数は定義しただけでは空の箱を 1 つ用意したみたいなもので何かデータを入れないと使えま
せん。変数にデータを代入しているのが 3 行目です。数学ではイコール（=）は「等しい」とい
う意味ですが、プログラムでは右の値を左の変数に代入するという意味になります。この場合は、
128 という数値を代入しています。

　これで gray という変数は 128 が代入されました。変数は、新しく何かを代入しないかぎり代
入した値が保持されます。この変数を使っているのが 4 行目です。

```
fill(gray); // grayを使用する
```

　今までは、fill(128) としていたところが fill(gray) となっています。変数は使用されると、
その中に代入されているデータが取り出され、それに置き換わり用いられます。この場合 gray に
は 3 行目で代入した数値 128 が入っているので、この 4 行目では gray からデータが取り出され
て 128 に置き換えられ、fill(gray) は fill(128) となります。このため、このプログラムは変
数を使わなかった場合と同様に灰色で文字が表示されるのです。このように変数は、なんらかの
データを代入して取っておくことができ、後で使うことができます。

※ 4　　p5.js や他のプログラミング言語を知っている方は、この変数のデータ型は何かと思うかも
　　　　しれません。JavaScript は型をもたない言語なので、変数に代入できるデータの種類（型）
　　　　を指定することはできません。

今度は = の右側で変数を使ってみましょう。

```
1  let gray = 128;
2  let y;
3  y = gray;
4  print(y); // 128と表示される
```

ご覧になって分かるように、= の右側に変数を書くとその値が取り出されて変数が置き換わります。このため 3 行目は、y = 128; と同じことになり、4 行目で 128 が表示されるのです。

変数の使用には重要な注意が 2 つあります。

● 変数は、使用する前に用意（定義）しておく。p5.js は JavaScript をベースにしているので、定義しなくても変数は値を代入して使うことができますが、定義しておかないと勝手にグローバル変数（2.17 節）になってしまい、わかりにくい間違い（バグ）の原因になる場合があります。使用する場合には必ず定義するようにしてください。
● 変数にはどのような種類のデータでも代入することができ、最後に代入された値が保持される。以下では、gray の内容は最後に代入された文字列になります。

```
gray = 3.14;    // 小数を代入する
gray = "灰色"; // 文字列を代入する
```

これは便利な反面、バグの原因にもなるので注意してください。

話を変数の使い方に戻します。2 行目で変数を定義して 3 行目で代入するのは面倒かもしれません。これは次のように 1 行で書くこともできます。

```
1  function setup() {
2    let gray = 128; // grayを使用することを定義し、128を代入する
3    fill(gray);
     ...
```

以上で、変数の説明はおしまいです。最後に変数名のつけ方についてまとめておきます。

2.5.2 変数名のつけ方

変数名には、x、y、z、color、gray など好きなものが使用できますが、以下のような規則があります。

(1) 使える文字は、半角英数字（a 〜 z、A 〜 Z、0 〜 9）、下線文字（_）、ドル記号（$）、全角文字だけです。例えば、monge? という変数は「?」を使っているのでエラーになります。

(2) 最初の文字に数字は使えない。100niku はエラーになります。

(3) let や if などあらかじめ機能の決まっている単語（予約語）は変数に使えません[5]。ただし、予約語が変数名内に含まれていても構いません。例えば、if は使えませんが、iffy は変数名として使えます。

以下に、日本語を変数に使った例を示します。

```
1  function setup() {
2    let 文字のx座標 = 30;
3    let 文字のy座標 = 40;
4    let 表示する文字列 = "こんにちは";
5    text(表示する文字列, 文字のx座標, 文字のy座標);
6  }
   …
```

2.6 コメント（注釈）

すでに登場しましたが、他のプログラミング言語と同様に、プログラム中に注釈やメモをコメントとして書けます。以下の 2 種類の書き方があります。

---

[5] JavaScript の予約語参照（https://developer.mozilla.org/ja/docs/Web/JavaScript/Reference/Lexical_grammar#keywords）

（1）「//」は、行末までがコメントとなる

```
gray = 128;  // grayに128を代入する
```

（2）「/*」と「*/」で囲んだ部分がコメントとなる

```
/* これはコメントです */
/* これは複数の行に渡る
   コメントです
 */
```

このようなコメントは、プログラムの実行では無視されます。メモやプログラムの説明を書いたり、テスト用に変更前のプログラムを残したりする場合などに使います。正しい文であってもコメントにすると実行されないので注意してください。以下では、4行目がコメントになっているため実行すると「こんにちは」は表示されません。

```
1  function setup() {
2    let gray = 128; // grayを使用することを定義し、0を代入する
3    fill(gray);
4    // text("こんにちは", 40, 30);  ← この行は実行されない
5    text("Hello", 40, 35);
6  }
   ...
```

さて、今度は、足し算、引き算などの計算を行う「演算子」について説明します。

2.7 演算子

演算子というと難しそうですが、加算、乗算などを表す「+」や「-」などの記号を思い出すとわかりやすいでしょう。データに演算子を用いることでいろいろな計算（演算）を行うことができます。演算子には、おおきく数値に対する算術演算子と文字列に対する文字列演算子の2種類があります。

2.7.1　算術演算子

まずは数値に関する演算を扱う算術演算子です。いわゆる足し算、引き算などです。

表2.1●算術演算子

演算子	意味	例	説明
+	加算	x + y	x に y を加える
-	減算	x - y	x から y を引く
*	乗算	x * y	x と y を掛ける
/	除算	x / y	x を y で割る
%	剰余	x % y	x を y で割り、余りを求める

算数や数学などで見慣れたものばかりだと思いますが、例を以下に示します。演算結果はコメントに書いてあります。

```
let x;
x = 8 + 2;    // xには 10 が代入される
x = 8 - 2;    // xには  6 が代入される
x = 8 * 2;    // xには 16 が代入される
x = 8 / 2;    // xには  4 が代入される
x = 8 % 2;    // xには  0 が代入される（8を2で割った余りは0）
```

結果の確認は、text 関数でも行えますが、text 関数ではなく、次のように print 関数を使うとコンソールに表示させることができ便利です。こちらは座標がいらないので手軽です。

```
> sketch.js●
1▼ function setup() {
2    let x;
3    x = 2178 * 4;
4    print(x);
5  }
6
7▼ function draw() {
8
9  }

コンソール                                              クリア ∨
    8712
```

図2.7●print関数の実行結果

このような算術演算子は、数学の四則演算のように 1 つの処理に複数個書くこともできます。計算される順番も数学の四則演算と同じです。

```
1  let x, y, a, b;  // x, y, a, bという変数を一度に定義する
2  x = 5;
3  y = 8;
4  a = x + y + 30;  // aには 43 が代入される
5  b = x * y - 30;  // bには 10 が代入される
```

注意が必要なのは、「**= の右側が先に計算されて、その結果が = の左側の変数に代入される**」ことです。例えば、4 行目は、= の右側の x + y + 30 が先に計算されて（5 + 8 + 30）、その結果の 43 が a に代入されます。このため、= の左側は変数が 1 つになります。a + b = x + y; とかは書けません。

括弧 (と) も使用でき，括弧の中が先に計算されます。以下では、(y - 30) が先に計算されます。

```
y = x * (y - 30); // yには -110 が代入される
```

これは、= の左と右に変数 y があり、変に思わるかもしれません。「= の右側が先に計算されて、その結果が = の左側の変数に代入される」を適用すると、（1）x * (y - 30) が計算され、x が 5、y が 8 ですので、y - 30 の結果が -22、（2）それに x の 5 がかけられて -110 になり、（3）その計算結果が = の左側の y に代入されるので問題なく計算できるのです。

■ 2.7.2 特殊な算術演算子

数学の四則演算にはありませんが、「+=」という書き方もできます。例を示します。

```
let x = 4;
x += 2;  // xに2を加えたものをxに代入する。xは6。x = x + 2; と書いたのと同じ。
```

これは、プログラムを作成していると、x の値を増やし、その結果を再度 x に代入したいことがよくあるからで x = x + 2 と書くのを簡単に x += 2 と書けるようにしたものです。+ だけでなく -、*、/、% でも同様に書くことができます。

```
x -= 2;  // xから2を引いたものをxに代入。x = x - 2; と同じ
x *= 2;  // xに2を掛けたものをxに代入。  x = x * 2; と同じ
x /= 2;  // xを2で割ったものをxに代入。  x = x / 2; と同じ
x %= 2;  // xを2で割った余りをxに代入。  x = x % 2; と同じ
```

また、プログラムを作成していくと変数の値を 1 だけ増やしたり、減らしたいことがよくあります（2.10.2 節の for 文でよく使います）。値を 1 だけ増やす場合は「++」を用います。以下に、例を示します。

```
let x = 8;
x++;    // x += 1 や x = x + 1 と同じ。xは9になる
```

x を 1 増やすのに x += 1 と書くことすら面倒な場合に便利です。

表2.2●特殊な算術演算子

演算子	意味	例	説明
++	値を 1 増やす	x++;	x を使用してから 1 増やす（下の例参照）。
		++x;	x を 1 増やす。x = x + 1; と同じ。
--	値を 1 減らす	x--;	x を使用してから 1 減らす（下の例参照）。
		--x;	x を 1 減らす。x = x - 1; と同じ。

++ は変数の前に書く場合と後ろに書く場合で結果が異なるのに注意してください。代入文と一緒に使うとその違いがよくわかります。x++ は「先に代入してから x に 1 を加える」、++x は「x に 1 を加えてから結果を代入する」という意味です。以下に例を示します。

```
let x, y;
x = 8; y = x++;   // xをyに代入してからxに1を加える。yは8、xは9
                  // y = x; x += 1;と同じ
x = 8; y = ++x;   // xに1を加えてからyに代入する。yは9、xも9
x = 8; y = x--;   // xをyに代入してからxから1を引く。yは8、xは7
x = 8; y = --x;   // xから1を引いてからyに代入する。yは7、xも7
```

2.7.3 文字列演算子

文字列演算子は「+」だけです。これは、数値だけでなく、文字列でも使えます。

```
s = "文字列A" + "文字列B"; // 両方をくっつけた文字列になる("文字列A文字列B")
s += "文字列C";             // s = s + "文字列C";と同じ。"文字列A文字列B文字列C"
```

例えば、以下のプログラムを実行すると title は、" 時は準宝石の螺旋 " となります。

```
let title = "準宝石の";
title = "時は" + title + "螺旋";
```

2.8　条件分岐

　プログラムを書いていると、変数の値や計算した結果などによって処理を変えたくなることがよくあります。これは「条件分岐」と呼ばれ、if 文や switch 文を用いて実現できます。

2.8.1　if 文

　if 文は、指定した条件式が成り立った場合にだけ、ある処理を実行したいときに用います。書式を以下に示します。条件式が成り立つと中括弧 { と } 中に書かれた処理が順に実行され、この処理はいくつでも書けます。なお「;」は、条件が成り立った場合に実行する処理以外には書かないことにも注意してください。

```
if ( 条件式 ) {
    条件式が成り立った場合に実行する処理 ;
}
```

　例えば、x が 830 より大きい場合に「830 より大きい」と表示するには次のように書きます。条件式は、数学で習う不等号（>）を使い「x > 830」と表します（「>」に関しては、次節で説明します）。

```
1  let x = 831;
2  if (x > 830) {
3      println("830より大きい");
4  }
5  print("if文終わり");
```

x が 831 の場合の処理の流れ（実行順序）

x が 830 の場合の処理の流れ x > 830 が成り立たないので 3 行目は実行されない

これを実行すると、2 行目の条件式が成り立つので 3 行目が実行され、メッセージ領域に「830 より大きい」と表示され、5 行目で「if 文終わり」と表示されます。次に 1 行目の 831 を 830 にすると 2 行目の if 文の条件式 x > 830 が成り立たないため 3 行目が実行されず 5 行目の「if 文終わり」しか表示されません。if 文の基本形は以上です。

2.8.2　else 文、elseif 文

if 文の条件式が成り立たなかった場合に何か処理をさせたい場合があります。これは、else 文で書けます。以下は、if 文の条件式が成り立たなかった場合（x が 830 以下）に「830 以下」と表示する例です。

```
1  function setup() {
2    let x = 830;
3    if (x > 830) { // xが830より大きい
4      print("830より大きい");
5    } else {        // x > 830が成り立たない→xが830以下の場合
6      print("830以下");
7    }
8  }
```

これを実行すると 3 行目の条件式が成り立たないため else 以降の中括弧内の 6 行目の print 文が実行され「830 以下」と表示されます。また、次のように else の後にさらに if を追加することもできます。

```
if ( 条件式 1) {
  条件式 1 が成り立った場合に実行する処理 ;
} else if ( 条件式 2) {
  条件式 1 が成り立たなく、条件式 2 が成り立った場合に実行する処理 ;
}
```

例えば、x が 830 以下、431 より大きいときにメッセージを表示する場合は以下になります。

```
if ( x > 830 ) {
  print("830より大きい");
```

```
} else if ( x > 431) {
  print("830以下だが、431より大きい");
}
```

上記以外の数値を処理する場合は、最後に else 文を書くことで処理できます。

```
if ( x > 830 ) {
  print("830より大きい");
} else if ( x > 431) {
  print("830以下だが、431より大きい");
} else {
  print("431以下の数値");
}
```

次は switch 文です。switch 文は間違いやすく、else if でも等価なものが書けるのであまり使用を推奨しません。読み飛ばされても大丈夫です。

2.8.3 switch 文

if 文では、ある式の値をさまざまな値と比較したいときに、不便な場合があります。例えば、x が、431、509、830 のいずれかを調べたい場合、次のようになってしまいます。

```
let x = 830;
if (x == 431) {
  print("431です");
} else if (x == 509) {
  print("509です");
} else if (x == 830) {
  print("830です");
}
```

これはこれで正しいのですが、プログラムが少々読みにくくなります。このような場合には switch 文を使うと便利です。switch 文は次のような書き方をします。case 文と default 文の文末はセミコロン「;」ではなく、コロン記号「:」を行末に使う点に注意してください。

```
switch ( 式 ) {
  case 値 1:
    式が値 1 の場合に実行する処理 ;
    break;
  case 値 2:
    式が値 2 の場合に実行する処理 ;
    break;
  case 値 3:
    式が値 3 の場合に実行する処理 ;
    break;
  default:
    式が上記以外の場合に実行する処理 ;
}
```

　switch 文は実行のされ方に注意してください。まず、switch の後に書かれた () の中の式が計算されます。その結果と「case 値 :」に書かれた「値」を比較し、一致する場合にその下に書かれた処理を break 文まで実行します。break 文までには複数の処理が書けます。また、どれにも一致しなかった場合は、最後の「default:」の以降に書かれた処理を実行します。先ほどの else if 文の例を switch 文で書き直すと次のようになります。

```
1  let x = 830;
2  switch (x) {
3    case 431:
4      print("431です");
5      break;
6    case 509:
7      print("509です");
8      break;
9    case 830:
10     print("830です");
11     break;
12   default:
13     print("どれでもありません！");
14 }
15 print("switch文終了");
```

この場合は、式は x なので、計算されると 830 となり、9 行目の case 830 と一致します。case 文で一致した後、break 文まで実行すると、そこで switch 文が終わり 15 行目の print 文が実行されます。break 文を書かないと、そのまま次の case 文に書かれた処理が実行されていくので注意してください。switch 文の () は式なので (x + 10) のような式が書けます。

2.9 比較、論理演算子

前の節では、if 文の条件式で › や ›=、== を説明もなく使っていました。条件分岐の説明がわかりにくくなってしまうからですが、if 文はもう終わったのでここで説明しておきます。

2.9.1 比較演算子

› や ›=、== を比較演算子と言い、それぞれ次のような意味を持ちます。なぜ演算子と呼ばれるかは 2.9.3 節で説明します。

表2.3●比較演算子

演算子	意味	演算子	意味
==	等しい	!=	等しくない
›	左が大きい	›=	左が等しいか大きい
‹	右が大きい	‹=	右が大きいか等しい

前の節では比較演算子を数値の比較に用いましたが、文字列の比較にも使用できます。例えば、以下の場合は、変数 name の値が「こまさん」の場合は 3 行目の if 文が成り立ち、「もんげー」と表示されます。

```
1  function setup() {
2    let name = "こまさん";
3    if (name == "こまさん") {
4      print ("もんげー");
5    } else {
6      print ("ものすごい");
7    }
8  }
```

　比較演算子には、注意が3つあります。(1)「等しい」は == というように = を2つ書き、(2)「以上」、「以下」は、=> や =< と書くとエラーになる（不等号の位置に注意）。(3) == は、次のように数値とその数値を文字列で書いたものを等しいと判断してしまうことです。

```
let x = "10";
if (x == 10) {
  print("10です"); // if文の条件が成立し、「10です」と表示されます
}
```

　このため、=== と !== という比較演算子が用意されています。

表2.4●比較演算子（JavaScript独自のもの）

演算子	意味	演算子	意味
===	厳密に等しい	!==	厳密に等しくない

　例を見た方がわかりやすいので、これらの演算子と、==、!= との違いを以下に示します。

```
if ( 2005  ==  2005 )   // 等しい
if ('2005' ==  2005 )   // 等しい ← 注意①
if ( 2005  == '2005')   // 等しい ← 注意②
if ('2005' === 2005 )   // 等しくない ← 注意③
if ( 2005  === '2005')  // 等しくない ← 注意④
if ('2005' === '2005')  // 等しい
```

　注意①と②からわかるように、数値と文字列を比較した場合に「==」では等しいと判断するのに対して、注意③と④の「===」は等しくないと判断します。「!=」と「!==」はこの逆です[6]。

2.9.2　論理演算子

　これまでの単純な比較演算子だけでは書けない条件を書きたい場合があります。例えば、「x が431 以上、830 以下の場合」などがそうです。このような時に用いるのが論理演算子です。

　論理演算子を用いると、複数の条件式を組み合わせることができます。「x が431 以上、830 以下」を「x が431 以上、かつ、x が830 以下」と言い換えると、間に「かつ」が入り両側は比較

※6　このように、比較演算子「==」「!=」は文字列を数字に変換したり、その他わかりにくい変換を行うので、原因を見つけるのが難しいエラーを避ける意味で、常に「===」「!==」を使うようにしましょう。

演算子で 2 つの条件式にできます。これらを「&&」でつなぎ以下のように書けます。

```
if( 431 <= x && x <= 830 ) {
  print (x + "は431以上で、830以下である");
}
```

ここで && は論理演算子と呼ばれ「かつ」を表します（表2.5）。これは、左側の条件式（この場合は、431 <= x）と右側の条件式（x <= 830）の両方が成り立つときに、全体が成り立ちます（真になる）。例えば、x が 500 の場合は両方の条件式が成り立つので、print 関数が実行されますが、x が 300 の場合は左の条件式が成り立たないので、print 関数が実行されません。片方の条件式が成り立った場合にも実行したい場合には、「または（||）」を用います。

表2.5●論理演算子

記述	説明
条件式 1 && 条件式 2	条件式 1、条件式 2 の両方が成り立つ（かつ）
条件式 1 || 条件式 2	条件式 1、条件式 2 の少なくとも片方が成り立つ（または）
! 条件式	条件式（や論理値）の否定
条件式 ? 処理 1 : 処理 2	条件式が成り立てば処理 1、成り立たなければ処理 2 を実行

3 番目の「! 条件式」は、条件式を評価した結果（論理値）を否定したものが得られます。例えば、「430 <= x」を否定したものは「!(430 <= x)」と書け、これは「430 > x」と等価です。

最後の条件演算子「? :」を用いると if 文を短縮し 1 行で表せます。例えば、

```
if (x > 830) {
  print ("830より大");
} else {
  print ("830以下");
}
```

は、次のようにまとめることができます。

```
let s;
s = (x > 830) ? "830より大" : "830以下";
print(s);
```

条件文が簡単な場合や他の文の中で使う場合などに便利です。上記は 1 文で書けます。

```
print((x > 830) ? "830より大" : "830以下");
```

　ここで、2 行目の (x > 830) が if 文の条件式の部分に当たり、条件式が成り立ったときにコロン（:）の前の部分が実行されます。もちろんここでも論理演算子が使用でき、複数の条件式を書くことができます。

```
print((431 <= x && x <= 830) ? "431以上830以下" : "431未満か830より大");
```

2.9.3　論理値

　ここまで条件式は「成り立つ」「成り立たない」で説明してきましたが、これは、プログラム的には、論理値（true、false）で表されます。例えば、以下を setup 関数内に書いて実行してみてください。コンソールに true と表示されます。2 行目の = の右側が条件式になっていることに注意してください。

```
1  let a = 60;
2  let b = a < 100;
3  print(b);
```

　p5.js では条件式に出会うとそれを評価（計算）します。この場合 a < 100 が成り立つのでその計算結果は true になるのです（成り立たない場合は false）。比較演算子や論理演算子が「演算子」なのはこのためです。この場合 a < 100 は「成り立つ」ので true（真）という値になり、b に代入されます。ですので、3 行目で true とコンソールに表示されます。つまり if 文の条件式は、比較演算子や論理演算子を計算した結果が true の場合に中括弧の中が実行されているのです。

　このような論理値はそのまま変数に代入しても使えます。以下のように bool1 に論理値 true が入っている場合は、その否定である !bool1 は true の否定の false（偽）になります。

```
let bool1, bool2;
bool1 = true;
bool2 = !bool1; // bool2には、trueの否定であるfalseが代入される
```

　! はプログラムで何かを制御する場合によく使います。本書のサンプルプログラムでも使用しています（リスト 8.2 参照）。

以上で演算子の説明は終わりです。次は「繰り返し」処理です。

2.10 繰り返し

プログラムを作成していると同じ処理を繰り返し行いたい場合が出てきます。このような場合に使用するのが while 文や for 文です。ここではそれぞれを順番に説明していきます。以下に while 文と for 文の処理の流れを示します。

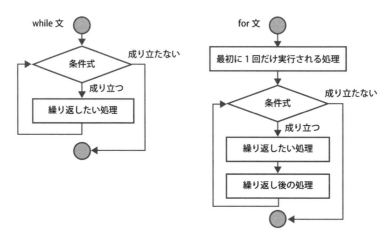

図2.8●while文、for文の処理の流れ

ご覧のように、それぞれ「条件式」を持ち、それが成り立つか成り立たないかで繰り返したい処理が制御されます。繰り返し処理は while 文と for 文のどちらでも書けますが、読みやすさなどから次のような使い分けが一般的です。

- 条件式が比較的複雑な場合には while 文を使う。
- 繰り返しの回数が決まっている場合や、繰り返しが特定の変数で制御される場合には for 文を使う。

2.10.1 while文

まずは簡単な while 文からです。while 文は if 文に似ています。if 文は括弧内の条件式が成り立つと中括弧 { と } の間の処理が「1 回」だけ実行されましたが、while 文は条件式が成り立つ「間」、

{と}の間に書かれた処理が「繰り返し」実行されます。繰り返したい処理は複数個書けます。

```
while ( 条件式 ) {
  繰り返したい処理 ;
}
```

これは具体的な例を見た方がわかりやすいでしょう。例えば次のように書くと、3行目の条件式（i < 3）が成り立つうちは、4〜5行目が実行され、以下のようにコンソール領域に「こんにちは0さん」から「こんにちは2さん」までの3個の文字列が表示されます。

```
1  function setup() {
2    let i = 0;
3    while (i < 3) {                    // フローチャートの「条件式」に対応
4      print("こんにちは" + i + "さん");   // 「繰り返したい処理」に対応
5      i++; // i = i + 1; と同じ          // 「繰り返し後の処理」に対応
6    }
7    print("while文終了");
8  }
9
10 function draw() {
     …
```

```
コンソール
こんにちは0さん
こんにちは1さん
こんにちは2さん
while文終了
```

まず2行目で変数 i が用意され 0 が格納されます。これは次の3行目の while 文の括弧の中の条件式で使われています。ここで最初 i は 0 なので、条件式 i < 3、すなわち「i は 3 より小さいか」が成り立ち {と} の間の文が順に実行されます。この場合は 4 行目と 5 行目が順に実行され、「こんにちは0さん」と表示された後、5 行目で i が 1 に成ります。

if 文の場合はここで処理が終了しますが、while 文はその後、再度 3 行目の while の条件式に戻り i < 3 がチェックされます。今度は i は 1 に成っています。これは成り立つので {と} 間の文が 4 行目の print 文から実行されます。i が 1 なので「こんにちは1さん」と表示されます。これが繰り返され i が 3 になると while の条件式 i < 3 が成り立たないので、while 文が終了し 7 行目が実行されます。このように i の値で繰り返し回数を制御しているのです。例えば、5 行目を i += 2 とすると今度は「こんにちは0さん」と「こんにちは2さん」の 2 つしか表示されなくなります。

このような繰り返しのことをループと呼び、ループを制御している変数を「ループ変数」といいます。上の例では、i がループ変数になります。次は for 文を見てみましょう。

2.10.2　for 文

　for 文は次のような形をしています。for 文の括弧 (と) の中は、セミコロン（;）で区切られた 3 つの部分から成ることに注意してください。while 文と同様に「繰り返したい処理」は複数書けます。

```
for（ 最初に 1 回だけ実行される処理 ; 条件式 ; 繰り返し後の処理 ）{
    繰り返したい処理 ;
}
```

　処理の順番は以下の通りです。ちょっと複雑ですが、これは後で 1 ステップずつ追ってみるのでここでわからなくても大丈夫です。

（1）「最初に 1 回だけ実行される処理」が実行される。

（2）「条件式」がチェックされる。

（3）条件が成り立てば「繰り返したい処理」が実行され、成り立たなければ for 文は終了

（4）「繰り返したい処理」が終わると、「繰り返し後の処理」が実行される。

（5）その後、（2）へ戻り、再度「条件式」が調べられる（ここがポイント！）。

　さきほど while 文で書いた例を for 文で書いてみましょう。

```
1  function setup() {
2    for (let i = 0; i < 3; i++) {
3      print ("こんにちは" + i + "さん");
4    }
5    print("for文終了");
6  }
```

```
コンソール
  こんにちは0さん
  こんにちは1さん
  こんにちは2さん
  for文終了
```

　大分プログラムの様子が異なりますが実行結果は同じです。では、これをステップごとに見ていきましょう。ループ変数は i です。以下、実行されている部分を太字で示します。

（1）まず「最初に 1 回だけ実行される文」にあたる let i = 0 が実行されます。ここで変数 i が用意され 0 が代入されます。

```
2  for (let i = 0; i < 3; i++) {
3    print ("こんにちは" + i + "さん");
4  }
```
iの値： 0

(2) 次に、「条件式」の部分にあたる i < 3 がチェックされます。ここはこの先、何回もチェックされるのですが、今回は i が 0 なので、i < 3 という条件が成り立ちます。

```
2  for (let i = 0; i < 3; i++) {
3    print ("こんにちは" + i + "さん");
4  }
```
iの値： 0

(3) 条件が成り立つので「繰り返したい処理」が実行されます。3行目が実行され、i が 0 なので「こんにちは 0 さん」と表示されます。

```
2  for (let i = 0; i < 3; i++) {
3    print print ("こんにちは" + i + "さん");  // こんにちは0さん
4  }
```
iの値： 0

for 文はこの「繰り返したい処理」が終わった後、「繰り返し後の処理」(i++) を実行します（図2.8）。

(4) i++ は i = i + 1 と同じ処理なので i の値が 1 増えて 1 になります。

```
2  for (let i = 0; i < 3; i++) {
3    print ("こんにちは" + i + "さん");
4  }
```
iの値： 1

この後、実行されるのが for 文の「条件式」の部分 (i<3) になります（図2.8）。

(5) 「条件式」i < 3 がチェックされます。ここで、i が 1 なので i < 3 が成り立ちます。

```
2  for (let i = 0; i < 3; i++) {
3    print ("こんにちは" + i + "さん");
4  }
```
iの値： 1

(6)条件が成り立つと再度「繰り返したい処理」が実行されます。3行目が実行され、i が1なので「こんにちは1さん」と表示されます。

```
2  for (let i = 0; i < 3; i++) {
3    print ("こんにちは" + i + "さん");  // こんにちは1さん
4  }
```

i の値：| 1 |

(7)「繰り返し後の処理」に当たる i++ が実行されます。i++ は i = i + 1 と同じ処理なので i の値が1増えて2になります。

```
2  for (let i = 0; i < 3; i++) {
3    print ("こんにちは" + i + "さん");
4  }
```

i の値：| 2 |

(8)「条件式」i < 3 がチェックされ、成り立つので、print が実行され「こんにちは2さん」と表示されます。その後、i++ が実行され、i が1増えて3になります。

(9)「条件式」i < 3 がチェックされます。i が3なのでこの条件式は**成り立ちません**。

```
2  for (let i = 0; i < 3; i++) {
3    print ("こんにちは" + i + "さん");
4  }
5  print("for文終了");
```

i の値：| 3 |

「条件式」が成り立たないので for 文は終了。つまり5行目以降に実行が移ります。

　繰り返したい処理の中に複数の処理を書く例を示しましょう。以下のように、灰色の文字と黒い文字で交互に「こんにちは」と描画するプログラムを作ってみましょう。

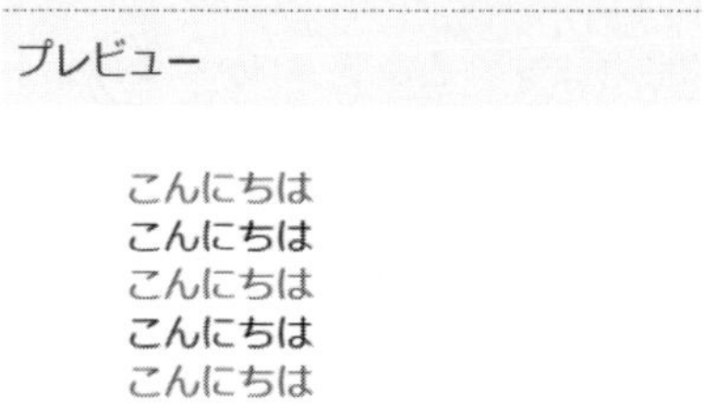

プレビュー

こんにちは
こんにちは
こんにちは
こんにちは
こんにちは

図2.9●for文で複数の文を実行する

プログラムは次のようになります。

リスト2.1●色を交互に変えて「こんにちは」を表示するプログラム

```
 1  function setup() {
 2    for(let i = 0; i < 5; i++){
 3      if(i % 2 === 0) { // iが偶数の場合
 4        fill(128);
 5      } else { // iが奇数の場合
 6        fill(0);
 7      }
 8      text("こんにちは", 40, 30 + i * 15);
 9    }
10  }
11
12  function draw( ) {
      ...
```

3〜7行目が色を切り替えている部分です。iを利用してプログラムの動作を制御していることがわかります。8行目が文字の描画ですが、描画位置のy座標を30 + i * 15と変更することで文字が重ならないようにしています。

このようなfor文はループ変数の初期化や、条件式などを変えることでいろいろな書き方をすることができます。

- for (let i = 3; i < 10; i++)：iは3から9まで1ずつ増える
- for (let i = 10; i > 0; i--)：iは10から1まで1ずつ減る
- for (let i = -1.0; i < 1.0; i += 0.1)：iは–1.0から1.0まで0.1ずつ増える

2.10.3　2重for文

第7章の画像処理などでよく使われますが、for文は、繰り返したい処理の中でさらにfor文を書くことができます。以下にサンプルプログラムと実行結果を示します。

```
 1  function setup() {
 2    for (let y = 0; y < 2; y++) {
 3      for (let x = 0; x < 3; x++) {
```

```
4        print("y="+ y + ", x=" + x);
5      }
6    }
7 }
```

コンソール
```
y=0, x=0
y=0, x=1
y=0, x=2
y=1, x=0
y=1, x=1
y=1, x=2
```

実行結果の x と y の値の変わり方に注意してください。最初に内側の for 文の x の値が変わっていきます。これを使うと次節の 2 次元配列（2.11.4 節）のすべての要素へのアクセスが簡単にできたり、画像のすべての構成要素に簡単にアクセスできたりします（第 7 章）。

2.10.4 break 文と continue 文

for 文や while 文の繰り返しを途中で処理をやめたい場合や処理をスキップしたい場合があります。このような時に用いるのが break、continue 文です。これらは、配列と一緒に用いられることが多いので次の節で扱います。

2.11 配列

プログラムでは、大量のデータを扱うことがあります。例えば、100 人分の試験結果の平均点を計算する場合、素直に書くと 100 個の変数が必要になります。

```
let score1, score2, score3, score4, score5, score6, score7, score8, score9,
                                          …省略 …, score100;
```

これを書くのは結構面倒です。100 個くらいは我慢できても、200、400 となると大変です。配列を使うと、このような大量のデータをまとめて作成、管理することができます。

2.11.1 定義方法

まず、配列の定義方法を見ていきましょう。

```
let 配列名 =[];
```

「let 配列名 =」というのは、2.5 節「変数」で見た「let gray = 128;」と同じです。let gray = 128; は gray という名の変数を用意して、そこに 128 という値を代入する、という意味でした。配列も同じです。let の後に書いた「配列名」は変数で、そこに [] を代入しています。ここで [] は「空」の配列です。

これを用いて 100 人分の score 変数を配列で定義してみましょう。

```
let score = []; // 配列を定義する
```

ここで注意が必要なのは、先ほど書いたように [] は空の配列なので、これで 100 個分の変数が用意されるのではなく、100 個分の変数を用意する準備ができた、ということです[7]。score の後に [] を書き、その中に数字を書いたものに次のようにしてデータを代入していくことができます。そうすると代入した個数分の変数を自動的に用意してくれます。

```
function setup() {
  let score = []; // 配列を作成する
  score[0] = 63;
  score[1] = 86;
  score[2] = 100;
  score[3] = 74;
  score[4] = 93;
}
```

score[0]	score[1]	score[2]	score[3]	score[4]
67	86	100	74	93

これにより右上の図のような 5 個分の変数が用意され、score[0] から score[4] という名前をつけてくれます。ここで注意してほしいのは、大括弧 [と] の中の数字（添え字、インデックス）は 0 から始まることです（1 ではなく、0 から始まるのは決まりです）。これまで score1 と書いていたのが score[0] になります。なれるまでは注意してください。ここでは添え字が 4 までなので要素数は合計 5 個になります。

---

[7]　let score = new Array(100); で 100 個用意できますが、本書ではこの定義の仕方は使いません。

2.11.2 使い方

　先ほどの5個の配列を用い、代入されている数値を5人分の試験結果だとし、これらの平均点を求めることにします。サンプルプログラムを以下に示します。

```
1  function setup() {
2    let score = [];  // 配列を用意する
3    let average;     // 平均点
4    score[0] = 67;
5    score[1] = 86;
6    score[2] = 100;
7    score[3] = 74;
8    score[4] = 93;
9    average = ( score[0] + score[1] + score [2] + score[3] + score[4] ) / 5;
                                                    // 平均点の計算
10   print average;
11 }
```

score[0]	score[1]	score[2]	score[3]	score[4]
67	86	100	74	93

　9行目を見てわかるように4〜8行目で配列に格納した値は、変数と同じように score[1]、score[2] のように参照することができます。ポイントは、配列に数値を代入したように、配列名に [ ] をつけその中に添え字を書いたものを使用することです。つまり、9行目の足し算の式で score[0] は、= の右側に書かれているので、計算時には格納されている値が取り出され、4行目で代入された 67 となります。0〜4まで全部を合計して5で割ると平均点が求まります。1つ1つ score に値を代入するのが面倒な場合は次のようにも書けます。

```
1  function setup() {
2    let score = [ 67, 86, 100, 74, 100 ];
3    let average; // 平均点
4    average = (score[0] + score[1] + score [2] + score[3] + score[4]) / 5;
                                                    // 平均点の計算
5    print average;
6  }
```

　2行目のように [と] の中に値をカンマ（,）で区切って書くと、自動的に要素分の配列が用意されて、配列に値が代入された状態になります。なかなか便利です。
　このような配列は for 文と相性がよく。平均値の計算も for 文を使って次のように行うことができます。

```
1  function setup() {
2    let score = [ 67, 86, 100, 74, 100 ];
3    let sum = 0, average; // 合計, 平均点
4    for (let i = 0; i < 5; i++) {
5      sum += score[i];    // 合計点の計算。sum = sum + score[i] と同じ
6    }
7    average = sum / 5;    // 平均点の計算
8  }
```

4行目の sum += score[i] の i が for 文により 0 〜 4 まで変わり、score[0]、score[1]、score[2]、score[3]、score[4] となるのですべての点数の合計を求めることができます。

2.11.3 配列の要素数

上記のプログラムで 4 行目と 7 行目に配列の要素数である 5 という数字が 2 回でてきます。このような配列の要素数は、配列名に「.length」を付けることで得られます。

```
1  function setup(){
2    let score = [ 67, 86, 100, 74, 100 ];
3    let sum = 0, average; // 合計, 平均点
4    for (let i = 0; i < score.length; i++) {
5      sum += score[i];    // 合計点の計算
6    }
7    average = sum / score.length; // 平均点の計算
8  }
```

このように実際の要素数の 5 ではなく「.length」を使うと、2 行目の配列の要素数が増減しても 4 行目と 7 行目を修正する必要がなくなります。例えば、2 行目で 100 の後に 49 を追加しても、それ以外は修正しなくても正しく動かすことができるのです。

このような length は、配列が持つ属性、という意味で「プロパティ」と呼ばれています（2.14 節参照）。プロパティを使うときは、配列名の後に「.」（ドット）を追加し、プロパティ名（この場合は length）を書きます。

2.11.4 2次元配列

配列は、その要素として配列をもつこともできます。例えば、以下のように書けます。

```
let score = [[67, 80, 73], [86, 73, 100]];
```

これは2次元配列と呼ばれ、この場合以下のような構造になります。上の段が各要素の名前、下の段が格納されている値です。

score[0][0]	score[0][1]	score[0][2]
67	80	73
score[1][0]	score[1][1]	score[1][2]
86	73	100

各要素には、上記のように配列名の後に [] を2つ用いて添え字を指定することでアクセスできます。length の使い方に注意してください。

```
print(score[1][2]);                     // 100が表示される。
print(score.length + "," +  score[0].length); // 2, 3と表示される。
```

また2次元配列は次のように for 文を2重に使うと（2.10.3節）、すべての要素に簡単にアクセスできます。

```
function setup(){
  for (let y = 0; y < 2; x++) {    // for (let y = 0; y < score.length; y++) {
    for (let x = 0; x < 3; x++) { // x < score[0].length
      print(y, x, score[y][x]);
    }
  }
}
```

```
コンソール
  0 0 67
  0 1 80
  0 2 73
  1 0 86
  1 1 73
  1 2 100
```

■ **2.11.5 break 文と continue 文**

繰り返しで説明しなかった break 文と continue 文について説明しましょう。これらは主に for 文や while 文の中で用いられ、次のような機能を持っています。

- break 文：途中で処理をやめる
- continue 文：それ以降の処理をスキップする

例えば、配列 score にテストの得点が格納されているとします。配列の先頭から探して一番初めに見つかった 100 点が格納されている配列の添え字を表示したいとします（1 つ見つかればそれ以降は探す必要はないとします）。これは break 文を使って以下のように書けます。右の図は実行結果です。

```
1  function setup() {
2    let score = [ 67, 86, 100, 74, 100 ];
3    for(let i = 0; i < score.length; i++) {
4      print(i, score[i]);
5      if(score[i] === 100) {
6        print(i + "番目"); // 100点の要素の添え字を表示する
7        break; // for文を抜ける(終了する)
8      }
9    }
10   print("for文終了");
11 }
   …
```

```
コンソール
0 67
1 86
2 100
2番目
for文終了
```

3 行目で for 文を回し、その中の if 文（4 行目）で 100 が格納されている要素を探します。「最初に見つかった 100 の添え字を表示する」ので、この if 文の条件が 1 回成り立てばそれ以降の for 文の処理をする必要はありません。このような場合、7 行目のように break 文を使います。これは、5 行目の if の条件が成立すると実行され、実行されると for 文の処理を中断し、for 文を抜けて 10 行目を実行してくれます。このため見つかった後の for 文は実行されず、10 行目が実行されることになります。

次は、これを少し変えて 100 点をすべて見つけ、その添え字を表示するプログラムを continue 文で書いてみましょう。

```
1  function setup() {
2    let score = [ 67, 86, 100, 74, 100 ];
3    for(let i = 0; i < score.length; i++) `{
4      if(score[i] !== 100) {
5        continue; // 以降の処理をスキップする
6      }
7      print(i + "番目"); // 100点の要素の添え字を表示する
8    }
9    print("for文終了");
10 }
     …
```

```
コンソール
  2番目
  4番目
  for文終了
```

今度は 4 行目の if 文の条件が変わり、5 行目が continue 文になりました。if 文の条件は「score 配列の内容が 100 ではない」です。100 ではない場合は、次の要素をチェックにいけばよいので 7 行目は実行する必要はありません。次のループ処理に進めるのが continue 文です。continue 文が実行されると、以降の 7 行目の処理は行われず、繰り返し処理が終わったのと同じように 3 行目の i++ が実行され、次の繰り返しに移行します。ここでは 100 点が見つかった後の処理が短いのであまり恩恵が感じられませんが、長い場合には便利です。

2.12 関数

プログラムを作成しているとよく、同じ処理をいろいろなところで行いたくなる場合があります。2.10.2 節「for 文」で紹介したリスト 2.1（「こんにちは」を灰色と黒色で交互に描画するプログラム）をもとに、次のようにいろいろな位置に文字列を描画するプログラムを作ってみます。実行結果を以下に示します。

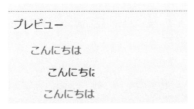

図2.10●「こんにちは」をさまざまな位置に描画する

これを実現するプログラムは以下のようになっているとします。

```
1  function setup() {
2    fill(128);   // 灰色で描画
3    text("こんにちは", 25, 20);
4    fill(0);     // 黒色で描画
5    text("こんにちは", 45, 45);
6    fill(128);   // 灰色で描画
7    text("こんにちは", 40, 70);
8  }
9
10 function draw() {
   ...
```

　ご覧のように、fill と text 関数の組が 3 回繰り返されています。リスト 2.1 の for 文のサンプルプログラムとは異なり、「こんにちは」の描画位置に規則性がないので、ループ変数で位置を指定することができそうもありません。仕方がないにしても、このような同じ処理を何回も書くと疲れますし、間違いの元となります。関数とは、このような処理を 1 つにまとめ、プログラムのどこからでも使いやすくする機能です。まずは、関数の定義の仕方からみていきましょう。

2.12.1　最も簡単な関数の定義

　関数は変数と同じように使う前に定義しておく必要があります。以下は、最も簡単な関数の定義方法です。function キーワードの後に関数名を書き、その後に () を書きます。

```
function 関数名 () {
    実行する処理 ;
}
```

　この関数で実行する処理は if 文や for 文と同じく中括弧の間に書かれた文です。いくつ書いてもかまいません。先ほどのプログラムの文字列の描画部分を drawTexts という名前の関数にしてみます。サンプルを以下に示します。

```
function drawTexts() {
  fill(128);   // 灰色で描画
```

```
  text("こんにちは", 25, 20);
  fill(0);    // 黒色で描画
  text("こんにちは", 45, 45);
  fill(128);  // 灰色で描画
  text("こんにちは", 40, 70);
}
```

先ほどの setup の内容を drawTexts 内にカット＆ペーストしただけで関数にすることができました。関数にする恩恵はまだですが、まずはこれで関数の使い方に慣れましょう。このようにして定義した関数は、次のようにして使用することができます。2行目で、関数名に () を付けるだけです。

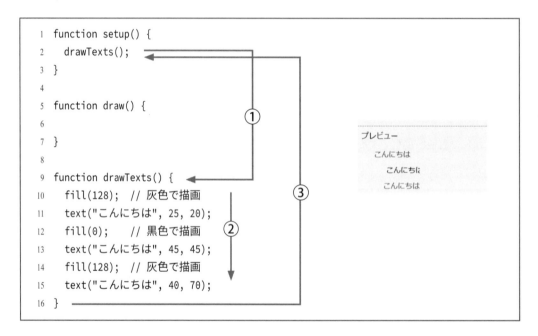

このようにして実行すると、先ほどと同様に「こんにちは」が3つ表示されます。どのような処理の流れになっているのでしょうか。これは、①、②、③の順で実行されていきます。

このプログラムが実行されると1行目の setup 関数が実行され、次に2行目が実行されます。p5.js は、2行目が実行されると、それが関数であることを認識し、その定義をこのプログラムの中から探します。この場合は、9行目で定義が見つかりそれを実行しに行きます（①）。

この「関数を探し出して実行する」処理を「**関数を呼び出す**」とも言います。9行目が実行されると、その中の10～15行目が順に実行され（②）、先ほどと同じ「こんにちは」が3つ描画されます。15行目までの実行が終わると関数自体の実行が終わり、この関数を呼び出した所（2行目）に戻

り（③）、その次の行が実行されます。実行の流れを追ってみると上下に行き来したりしますが、関数にする前のプログラムとやっていることの順番は同じであることがわかります。つまり、関数は同じ処理を別の形で書いているだけなのです。

　しかし、これでは最初の例よりも行が増えているため関数にした意味がありません。今度は、文字の描画位置を指定できるようにしてみます。このような場合に用いるのが「引数」です。

■ 2.12.2　引数を使用する

　引数を使った関数は次のようにして定義します。先ほどは空だった括弧の中に「引数 1, …, 引数 n」が増えました。これが引数で、関数にデータを渡すためのものです。

```
function 関数名 ( 引数 1, …, 引数 n) {
    実行する処理 ;
}
```

　例えば、drawTexts 関数を呼び出し側で文字の描画位置を指定できるようにしましょう。描画位置の x 座標を x、y 座標を y という変数で扱うとします。これは次のように実現できます。

```
function drawTexts(x, y) {
  fill(128);
  text("こんにちは", x, y);
}
```

　ご覧のように、drawTexts 関数の () の中に、x, y と書かれています。この x, y がこの関数の引数です。引数がどのようなものかは実際に使用してみるとわかります。引数を持つ関数を使用する場合は、次のように書いて呼び出します。

```
関数名 ( 引数に渡す値 , …, 引数に渡す値 );
```

　今回は、引数が 2 つなので以下のように書きます。

```
drawTexts(25, 20);
```

先ほどのプログラムを引数で書き直してみましょう。大分短くなりました。

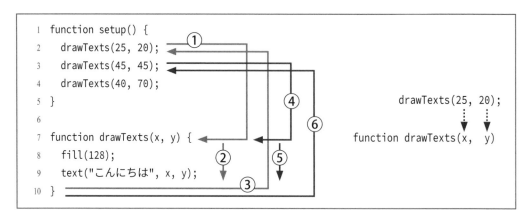

```
1  function setup() {
2    drawTexts(25, 20);
3    drawTexts(45, 45);
4    drawTexts(40, 70);
5  }
6
7  function drawTexts(x, y) {
8    fill(128);
9    text("こんにちは", x, y);
10 }
```

```
drawTexts(25, 20);
     ↓        ↓
function drawTexts(x,  y)
```

このように書いても、先ほどと同じ位置に 3 つ「こんにちは」が表示されます。処理の流れを①〜⑥で示しました。①、②、③、④、⑤、⑥…という順に実行されていきます。4 行目の drawTexts 関数も同様です。順にみていきます。

プログラムを実行すると 2 行目で drawTexts(25, 20) という形で 7 行目の drawTexts 関数が実行されます（①）。すると drawTexts 関数の引数の x, y にそれぞれ 25 と 20 が渡され（右図）、8 行目の fill(128); はそのまま実行されますが、9 行目は x, y が引数で渡された値になり text("こんにちは", 25, 20) という形で実行されることになります（②）。これが最初の「こんにちは」の描画です。9 行目が終わると、この関数を呼び出した 2 行目に戻り、次の 3 行目が実行されます（③）。今度は drawTexts(45, 45) という形で drawTexts 関数が実行されるため（④）、関数の引数 x、y に 45 と 45 が渡され、9 行目が先ほどとは異なり text("こんにちは", 45, 45) という形で実行されます（⑤）。9 行目が終わると 3 行目に戻ります（⑥）。最後の 4 行目が実行されると、9 行目は text("こんにちは", 40, 70) となります。

このように、drawTexts 関数は全部で 3 回実行されますが、それぞれの実行で引数に渡される x、y の値を変えることで、9 行目の text 関数の実行を制御できるのです。これが引数の便利なところです。引数をうまく使うとプログラムをコンパクトに書けます。

さて、引数の使い方がなんとなくわかったところで注意があります。関数で定義した引数の個数と、その関数の呼び出し時に指定した引数の個数が違ってもエラーにならないことです。これは JavaScript の仕様なのですが、以下はエラーが出ず、最初の 2 つの引数だけが使われます。

```
1  function setup() {
2    drawTexts(10, 20, 30);
3  }
4
5  function drawTexts(x, y) {
   ...
```

　最後に、文字列の色（黒や灰色）も引数で指定できるようにしてみましょう。次のようになります。color という引数が加わり、最初の fill 関数の引数が color になりました。

```
function drawTexts(color, x, y) {
  fill(color);
  text("こんにちは", x, y);
}
```

　こうすると、灰色と黒い文字列を呼び出し側で指定でき、交互に描画することができます。

```
1   function setup() {
2     drawTexts(128, 25, 20); // 灰色の文字列を描画
3     drawTexts(0, 45, 45);   // 黒い文字列を描画
4     drawTexts(128, 40, 70); // 灰色の文字列を描画
5   }
6
7   function drawTexts(color, x, y) {
8      fill(color);
9      rect(x, y, 10, 10);
10  }
```

　関数を用いることで大分プログラムが整理されました。さて、関数の説明の最後は「戻り値」の説明です。

2.12.3 戻り値を使用する

　戻り値は、関数の中で得られた値を、関数を呼び出した側に返すための仕組みです。値を返すには return 文を用います。この return 文で返す値のことを「戻り値」と呼びます。

```
function 関数名 ( 引数 1,  引数 2, …, 引数 n) {
  実行する処理 ;
  return 戻り値 ;
}
```

例えば、引数で渡した数の 2 乗を計算する関数 square を作ってみます。次のようになります。

```
1  function square (x) {
2    let x2 = x * x;
3    return x2;     // 上の行とまとめて return x * x; でもOK
4  }
```

まず、3 行目の return 文から見ていきましょう。これは、その後に書いた値を呼び出し側に返す機能を持ちます。この場合は、return の後ろに x2 と書いてあるので、x2 に格納された値が「戻り値」として戻ります。x2 は、その前の行で計算した x * x が代入されているのでそれが戻ります。では、この関数を実際に使っているところを見てみましょう。

```
1  function setup() {
2    let y;
3    y = square(5);   // yにsquare(5)の結果である25が代入される ◄──────┐
4    print(y);        // 25が表示される                                  │
5  }                                                                    │
6                                                                       │
7  function draw() {                                                    │
8                                                      戻り値  │  25  │──┤
9  }                                                                    │
10                                                                      │
11 function square(x) {                                                 │
12   let x2 = x * x; // 5×5が計算される                                 │
13   return x2;       // 上の行とまとめて return x * x; でもOK ──────────┘
14 }
```

3 行目が square 関数を使っている部分です。前に説明したように「=」の右側が先に実行されます。この場合は square(5) が実行され、この括弧中の 5 が 11 行目の square 関数の引数 x に渡されます。これにより square 関数内の x の値は 5 となります。その結果、12 行目の let x2 = x

* x; の x * x が 25 になり x2 に代入され、13 行目が実行され、return 文で x2 の値、すなわち 25 が square 関数の戻り値として返されます。戻された値が 3 行目で y に代入されます。これで y が 25 になるので 4 行目の print でコンソールに 25 が表示されるのです。

　このような関数の呼び出しは、if 文などの条件式の中に直接書くこともできます。例えば、関数の結果がある値より大きいときに何かの処理したいときは、以下のように書けます。

```
if (square(x) > 6174) {
  square(x)の結果が6174より大きい場合の処理;
}
```

　また、関数内での処理が成功した時に true、失敗した時に false を返す関数 check があるとします。以下のようにすると check が true を返した場合に処理が実行されます。

```
if (check() === true) {
  条件が成り立つ場合に実行する処理;
}
```

　上記の if (check() === true) の部分は、「===true」を省き if (check()) と書くこともできます。また、関数が false を返す場合は、以下のように「!」は否定することで処理できます。

```
if (!check()) {
  print('check()がfalseを返しました。');
}
```

2.13　グローバル変数とローカル変数

　さて関数の説明が終わったところで、それに関連して変数の種類について説明します。これまでは説明していませんでしたが、変数は、定義された場所によって「グローバル変数」と「ローカル変数」という 2 種類の変数に分かれます。変数という意味では同じですが、振る舞いが異なるので注意してください。グローバルという言葉は、英語の global から来ています。「大域的な」

という意味を持ち（大域変数とも呼ばれます）、プログラムのどこからでもアクセス（使用）できます。一方で、ローカル変数はこの逆でアクセスできる場所が限られています。

2.13.1 どの変数がグローバルで、ローカルか？

見分け方は簡単です。グローバル変数とローカル変数は次のように定義されます。

- グローバル変数：関数定義の「外」で定義された変数
- ローカル変数：関数定義の「中」で定義された変数

以下に簡単な例を示します。fish 関数を見てください。dance という変数は関数の**外で定義されている**のでグローバル変数、逆に ana は関数の中で定義されているのでローカル変数です。

```
let dance;          // グローバル変数
function fish() {
  let ana;          // ローカル変数
  …
}
```

今度は以下のように書くと両方の変数が関数の「中」に定義されているのでともにローカル変数になります。dance という変数名は同じでも定義する場所で種類が変わるのです。

```
function mile () {
  let dance;        // ローカル変数
  …
}
function fish() {
  let ana;          // ローカル変数
  …
}
```

2.13.2　振る舞いの違い

このように変数に種類があるということは何か違いがあるということです。以下に違いをまとめます。

● グローバル変数は、プログラムのどこからでも使えます。どこからでも「見える」とも言います。

● ローカル変数はそれが「定義された関数」の中でしか使えません。その関数の外からは「見えない」とも言います。

簡単な例を次に示します。

```
1  let x = 830;      // グローバル変数          ◀
2  let y = 431;      // グローバル変数

3
4  function setup() {
5    mile();
6    dance();
7  }

8
9  function draw() {

10
11  }

12
13  function mile() {
14    let x = 10;                // ローカル変数        ◀
15    print("mile: ", x, y);     // このxは14行目のxが使われる
16    y += 1;                    // yを1増やす
17  }

18
19  function dance() {
20    x += 1;        // xを1増やす（このxは1行目のxが使われる。14行目のは見えない）
21    print("dance: "< x, y);
22  }
```

ここで、1～2行目でxとyがグローバル変数として定義されています。注意してほしいのは**14行目でもう1つxが「ローカル変数」として定義されている**ことです。これは説明のためのも

ので、実際には、このように同じ名前の変数を 2 つ定義するのは間違いのもとなのでしません。これを実行すると、コンソール領域にどう表示されるかを予想してみてください。実行結果を以下に示します。

```
コンソール
    mile:  10 431
    dance:  831 432
```

図2.11●実行結果

予想通りの結果になったでしょうか。詳しく見ていきましょう。プログラムを実行すると 5 行目で mile 関数（13 行目）が実行されます。mile 関数の中、14 行目で x がローカル変数として定義されているので、15 行目の print では、1 行目のグローバル変数の x ではなく、ローカル変数の x が使われます。y は 2 行目のグローバル変数しかないのでその値が使われ、「10, 431」と表示されます。16 行目の y はグローバル変数なので 2 行目の y が 1 増え、431 から 432 に変わります。

mile 関数の実行が終わると、次の 6 行目で dance 関数（19 行目で定義）が呼び出されます。dance の 20 行で 1 増やしている x は、1 行目のグローバル変数の x です（14 行目の x は、mile 関数のローカル変数なので dance 関数からは見えません）。このため 20 行目が実行されると、1 行目の x が 1 増やされて 830 から 831 になります。最後の 21 行目の print の x、y は両方ともにグローバル変数なので「831, 432」と表示されます。

このようにローカル変数は、その関数内でしか使用できませんが、グローバル変数は、すべての関数から使用することができます。グローバル変数はすべての関数から使用できるので便利ですが、必要以上に使うとプログラムがわかりにくくなり、不用意な間違いの原因となりやすいので、最低限の使用にとどめておくようにしましょう。

2.14 オブジェクト

最後はオブジェクトです。p5.js ではオブジェクト（JavaScript のオブジェクト）を多用します。オブジェクトは、名前と値の組（プロパティ）と、関数（メソッド）の集まりです。ここでは、本書を読む上で必要最低限のオブジェクトの知識を説明します。まずは簡単な例として、お財布

オブジェクトを考えましょう。これは、持ち主の名前と所持金を管理するもので、それぞれ初期値は「まりすけ」と1000円とします。これまでの知識では、これは、以下の2つの変数で実現できます。しかし、これでは、それぞれバラバラのままです。

```
let osaifu_name = "まりすけ";
let osaifu_money = 1000;
```

これを以下のように中括弧 { と } の中にコロン（:）を用いて書くことで両方のデータを持つ1つのデータの集まり、すなわち、「オブジェクト」にまとめることができます。ここで、name やmoney を「プロパティ」、"まりすけ" や1000をその値といいます。

```
let osaifu = { name: "まりすけ", money: 1000 };
```

こうすると、以下のようなデータの塊が作られ osaifu 変数に代入されると考えてください。

osaifu

name	"まりすけ"
money	1000

図2.12●データをオブジェクトにまとめるイメージ

配列の説明のところで、配列が length というプロパティを持ち、配列名の後ろに「.」をつけ scores.length と書いて使用しました。これと同様に osaifu のプロパティにアクセスできます。

```
print(osaifu.name); // 「まりすけ」と表示される
print(osaifu.money); // 1000と表示される
```

ここで、お財布にお金をいれてみましょう。以下のように行えます。

```
osaifu.money += 200; // 200円増やす
print(osaifu.money); // 1200と表示される
```

このような計算を関数として osaifu オブジェクトに持たせることができます。それが「メソッド」です。メソッドは関数と同じですが、ちょっと書き方が異なります（4行目）。

```
1  let osaifu = {
2    name: "まりすけ",  // 持ち主の名前
3    money: 1000,       // 所持金
4    add: function() {
5      this.money += 200; // 所持金を200円増やす
6      print(this.money);
7    }
8  }
```

　これは、無名関数と呼ばれるもので詳しくは 6.9 節で説明します。ここでは、関数名 add が最初に書かれていると考えてください。つまり、「function add() {」が、「add: function() {」となっている訳です[※8]。あとは先ほどの計算を書けばよいのですが money += 200 とは書けません。オブジェクトの中でプロパティを参照する場合は、this. を前につけます。このため所持金のプロパティは、this.money となります。このメソッドは次のようにして実行することができます。

```
osaifu.add();  // 1200と表示される。
```

　メソッドは関数なので、引数を持たせることができます。add に追加する金額 m を用意します。

```
add: function(m) {
  this.money += m;
  print(this.money);
}
```

　使い方は関数の引数と同じです。先ほどと同じ 200 円の追加は以下で計算できます。

```
osaifu.add(200);  // 1200円と表示される
```

　引数は複数持つことができ、メソッドも複数持つことができます。本書でオブジェクトという言葉が出てきたら、osaifu オブジェクトのように、そのオブジェクトはあらかじめ用意された何らかのプロパティとそれに格納された値、メソッドを持っているものと考えてください。

　さて以上で、プログラミングの基本的な内容はおしまいです。次は、p5.js 固有の内容について説明します。

※8　実際には add プロパティに無名関数が設定されています。

2.15　システム関数とシステム変数

　ここでは、これまであまり説明もせずに使ってきた setup 関数、draw 関数の説明も含め、p5.js が提供する特殊な関数と変数について説明します。

　これまで使ってきた setup 関数も function というキーワードが付いていることから関数の一種ですが、プログラムのどこからも呼び出されていません。setup 関数は、定義しておくと p5.js が「自動的」に実行してくれる特殊な関数なのです。一方、2.12 節で説明した関数（例えば、drawTexts）はユーザが定義したものなので、プログラムの中で自分で使わないと実行されません。このように p5.js ではあらかじめ機能や役割が決まっていて、定義しておくと「特定の状況」に「自動的」に実行してくれる関数がいくつかあります。これらは「システム関数」と呼ばれます。

　システム関数の中でもよく使うのが setup 関数と draw 関数です。setup 関数は、プログラムが実行されると最初に 1 回だけ p5.js が実行してくれる関数です。「最初に 1 回」というと少し奇異に感じるかもしれません。これは、これから説明する draw 関数が以下の図に示すように setup 関数が実行された後「何回」も繰り返し実行されるからです。

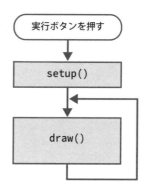

図2.13●プログラム実行時の処理の流れ

　例えば、以下のプログラムを実行するとその違いがわかるでしょう。

```
function setup(){
  print("setupの実行");
}
```

コンソール
setupの実行
24 drawの実行

```
function draw(){
  print("drawの実行");
}
```

"setupの実行" の表示は最初の 1 回で、その後たくさんの "drawの実行" の表示されますが、p5.js Web エディタではたくさん表示される代わりに右のように回数が表示されます。setup 関数は後で説明するので draw 関数からいきましょう。

2.15.1 draw 関数

draw 関数は、setup 関数の実行後、定期的に繰り返し実行されます。このため、この関数は、主に、ゲームでアニメーションするキャラクターのように表示されたものが時間とともに変化するプログラムを作る場合に用います。例えば、次のプログラムは以下の右の図のように「こんにちは」という文字列を左上から右下に繰り返し描画してくれます。

```
1  // DrawFunction
2  let x = 0; // こんにちはの描画位置
3  function setup() {
4
5  }
6
7  function draw() { // 1秒間に約60回実行される
8    text("こんにちは", x, x);
9    x += 15; // x = x + 15; と同じ
10  }
```

```
プレビュー
こんにちは
  こんにちは
    こんにちは
      こんに
        こん
          こ
```

p5.js が draw を繰り返し実行してくれるので、for 文もないのに文字列が複数個描画されます。draw 関数は 1 秒間に 60 回実行されます。6 個しか表示されていないのは、x の値が大きくなり描画領域の外に出てしまうからです。

今度は文字列をアニメーションさせてみましょう。アニメーションは 3.6 節で詳しく説明するのでここでは簡単に説明します。p5.js では、一度描画したものは消さない限りそのまま残ります。先ほどの例は同じ文字列が複数個表示されているのはこのためです。今度は前に描画したものを消してから新しいものを描画するようにしてみましょう。描画されたものを消すには background

関数を使います。これは描画領域の背景色を設定する機能を持ちます。先ほどのプログラムを次のように書きなおして実行してみてください。

```
   …
7  function draw() {  // 1秒間に約60回実行される
8    background(255); // 背景色で塗りつぶす（255は白）
9    text("こんにちは", x, x);
10   x += 1;          // 15だと動きが速すぎるので1にする
11 }
```

プレビュー

こんにちは

今度は、左上から右下に「こんにちは」という文字列が動いていくのがわかると思います。

2.15.2 システム変数

右下に行くと見えなくなってしまうので、描画領域の右端まで行ったら左から描画するようにしてみましょう。描画領域の幅は width という変数で得られます。

```
   …
7  function draw() {
8    background(255);  // 背景色で塗りつぶす(255は白)
9    text("こんにちは", x, x);
10   x += 1;           // 10だと動く速度が速すぎるので1にする
11   if (x > width) {
12     x = 0;          // x座標が描画領域の幅より大きくなったら0にする
13   }
14 }
```

今度は右下にいった文字列が左上から出てくるようになったと思います。この width という変数はどこにも定義していないのに使用することができています（エラーにもなりません）。これは、p5.js があらかじめ用意しておいてくれる特別な変数で、「システム変数」と呼ばれるものです。p5.js には、このような最初から役割が決まっている変数がいくつかあります。width 以外にも、描画領域の高さを教えてくれるシステム変数 height などがあります。

2.15.3　setup 関数

　先ほどのプログラムでは「こんにちは」がすぐに右下で表示されなくなってしまいました。これは自動で作成される描画領域が小さい（100 × 100）ためです。描画領域のサイズを変更してみます。これは createCanvas 関数で行います[9]。例えば、createCanvas(250, 150) とすると描画領域の横幅が 250、高さが 150 になります。これを draw 関数の中に書いてもよいのですが、そうすると同じことを何回も実行してしまい無駄です。最初に 1 回だけやればよいので、このような最初に 1 回だけ実行すればよい処理のために「setup」関数が用意されているのです。

```
 1  // DrawFunction
 2  let x = 0;          // こんにちは、を描画する位置
 3  function setup() { // 最初に1回だけ実行される
 4    createCanvas (250, 150);
 5  }
 6
 7  function draw() {   // 1秒間に60回実行される
 8    background(220); // 背景色で塗りつぶす（少し灰色にする）
 9    text("こんにちは", x, x);
    ...
14  }
```

ここでは描画領域がわかるように背景を少し灰色にしています。

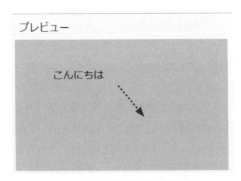

図2.14●大きな描画領域に描画する

今度は描画領域が広がったので先ほどより右下の方まで文字列が移動して行きます。

---

[9]　Processing の size 関数に相当。内部的には HTML5 の canvas を作成するので、ウィンドウのサイズを指定するものではないので注意してください。

2.15.4　最初から入力されているプログラム

これでようやく p5.js Web エディタを実行すると最初に表示されるプログラムの説明ができます。以下に、再掲します。

```
1  function setup() {
2    createCanvas(400, 400); // 描画領域を400×400にする
3  }
4
5  function draw() {
6    background(220);          // 背景色で塗りつぶす
7  }
```

2 行目で描画領域を設定し、6 行目で背景色を設定しています。このため実行すると描画領域が灰色で表示されます。これは、draw 関数で背景をクリアすることが多いアニメーションを行うプログラムでは便利なのですが、p5.js の機能を 1 つ 1 つ試していく場合はちょっと不便です。例えば、setup 関数内で試すと、draw 関数の background が消してしまいます。このため、本書では、2 行目と 6 行目を削除したものを用いることにしています。

2.15.5　その他のシステム関数とシステム変数

最後に、システム関数とシステム変数を利用したもう 1 つの例として mouseClicked 関数と mouseX、mouseY 変数を説明します。これらは、第 4 章で扱うのでここでは簡単に説明します。

mouseClicked 関数は、マウスがクリックされたときに p5.js が自動的に実行してくれるシステム関数で、mouseX と mouseY という変数は、マウスポインタの x 座標と y 座標を管理するシステム変数です。この関数と変数と組み合わせるとクリックされ場所がわかります。これを使って、クリックした場所に「こんにちは」と描画するプログラムを作成してみましょう。

```
1  // ClickedText
2  function setup() {
3    createCanvas(250, 150);
4  }
5
6  function draw() {
7
```

プレビュー

こんにちは
　　　　　こんにちは
　　こんにちは

こんにちは

こんにちは　　　　こんにちは

```
 8  }
 9
10  function mouseClicked(){
11    text("こんにちは", mouseX, mouseY);
12  }
```

　これを実行してプレビュー領域をクリックすると右のようにクリックした場所に「こんにちは」が描画されます。以上で、p5.js 固有の機能の説明は終わりです。

　それでは、最後に、プログラムを作成してうまく動かない場合に間違いを見つける方法について説明します。

2.16　間違いの見つけ方

　プログラムを作成していると、さまざまな間違いからプログラムが動かない状況に出会います。このような場合、何らかの方法で間違いを見つけ出す必要があります。最も簡単にはエラーメッセージを調べる方法と print を使った方法の 2 つがあります。

2.16.1　エラーメッセージ

　残念ながら p5.js は JavaScript をベースにしているため、許容度が高くエラーが表示されない場合があります。これは、JavaScript が Web ブラウザで長く使われてきたためです。以下に例を示します。

（1）値が入っていない変数が使われている。

```
let count; // 値が入っていない
while(count < 10) {
  print(count);
  count++;
}
```

count に値を入れずに使っていますが、エラーになりません。

（2）セミコロンがない[10]。

```
let count = 1
while(i < 10) {
  print(count);
  count++;
}
```

1 行末に「;」がないがエラーになりません。

（3）定義された変数が使われていない。

```
let count = 1;
print("もんげ");
```

count が定義されているが、使われていません。

（4）プロパティ名を間違えている。
　配列には length プロパティがあると書きましたが、rength と書いてもエラーになりません。Undefined と表示されます。

```
let score = [ 10, 20, 30 ];
print(score.rength);
```

　これは、JavaScript ではプロパティを動的に追加できるからです。この例の場合は、score 配列に新しい rength というプロパティが追加され、初期値が undefined となります。

（5）関数で定義した引数の個数と、その関数の使用時に指定した引数の個数が一致していなくてもエラーにならない。これは、2.12.2 節で説明しました。

---

[10]　JavaScript の仕様では文末のセミコロンはなくても大丈夫です。セミコロンがない場合はJavaScript のエンジンが適宜文の終わりを判断しますが、時々書いた人の意図とは違うところを文末とすることがあるので、必ずセミコロンをつけるようにしましょう。

（6）システム変数を let で定義している。

　以下のように、システム変数を let で定義すると、mouseX という変数を新しく定義したことになり、マウスの x 座標を表すシステム変数としての機能を失ってしまいます。

```
function setup(){
  let mouseX;
  print(mouseX);
}
```

（7）システム変数名やシステム関数名が間違っている。

```
function mouseClick(){
  rect(mousex, mouseY, 20, 20);
}
```

　mouseClick はシステム関数の mouseClicked の間違いですが（第 4 章）、mouseClick というユーザ定義関数が定義されたことになります。2 行目の mousex は mouseX の間違いですが、mousex という新しい変数が用意されたものとして扱われます（詳しくは、2.17 節参照）。

　次のような場合にはエラーメッセージが表示されます。

（1）変数が定義されていないのに使われている。

　以下は、count を定義せずに使った例です。「ReferenceError: count is not defined」と表示され、p5.js では加えて「It seems that you may have accidentally written "count"」と表示されます。

```
print(count);
```

　変数は必ず let で定義してから使うようにしてください。

（2）関数名が間違っている。

　以下、printo は、print の間違いですが、このような場合は「ReferenceError: printo is not defined」と表示されます。

```
printo("こんにちは");
```

（3）p5.js の関数が setup、draw 関数の外で使われている。

createCanvas 関数などの p5.js の提供する関数を setup 関数、draw 関数の外で使った場合にも（2）と同じエラー「ReferenceError: createCanvas is not defined」が表示されます。この場合は、関数名や引数が「正しく」てもエラーが発生します。

```
createCanvas(320, 240);
function setup() {
}
```

また、print 関数に関しては、setup 関数、draw 関数外で使うと HTML5 の print 関数が実行され、印刷用のダイアログボックスが表示されます。

```
print("こんにちは");
function setup() {
}
```

以下に、Chrome での実行結果を示します。

図2.15●Chromeでの実行結果

2.16.2 print を使った方法

　無事エラーが表示されなくなってもプログラムが正しく動かない場合があります。そのような場合、間違いを見つけ出す最も簡単な方法が print 関数です。例として、マウスでクリックした座標の x 座標が 30 ～ 70 の間（描画領域の中央付近）にある場合にだけ正方形を描画するプログラムを考えてみましょう。以下のように書いたとします。

リスト2.2●間違いを見つけ出すプログラム

```
 1  // DebugSample
 2  function setup() {
 3
 4  }
 5
 6  function draw() {
 7
 8  }
 9
10  function mouseClick( ) {
11    if (mouseX < 30 && mouseX > 70) {
12      rect (mouseX, mouseY, 15, 15);
13    }
14  }
```

　これを実行してマウスでクリックしても正方形が表示されません。間違いがあるからです。プログラムをよく見ると間違いがわかりますが、プログラムが長いと見つけるのは難しくなります。そのようなときに便利なのは、間違っていそうな場所の絞り込みです。正方形が描画されないのは 12 行目の rect 関数が実行されていないのが原因ですが、これには次の 3 つの可能性があります。

　（1）マウスをクリックしても 10 行目が実行されない。
　（2）10 行目は実行されているが 12 行目が実行されない。
　（3）（1）と（2）は正しいが、正方形を描画する文が間違っている。

　（1）から調べてみましょう。10 行目がリック時に呼び出されているかは、その直後に print("OK"); と書き、実行して、クリックして OK と表示されるかを調べればわかります。

```
     ...
 10  function mouseClick( ) {
 11    print("OK");
 12    if(mouseX < 30 && mouseX > 70) {
 13      rect(mouseX, mouseY, 20, 20);
 14    }
 15  }
```

　実行してみてもコンソールに何も表示されません。10行目の mouseClick 関数が呼び出されていないことになります。ここでマウスクリックで呼び出される関数を調べてみると mouseClicked であることがわかります（4.1.1 節参照）。関数名を修正して、再度実行してみます。

　今度はクリックすると OK と表示されますが、まだ、正方形は表示されません。次は、その下の if 文に注目します。中央付近をクリックした時にこの if 文の条件が成り立つかを調べてみます。12行目に print("OK"); と書きます。これで 11 行目の if 文が成り立った場合は OK と表示されるはずです。

```
     ...
 10  function mouseClicked( ) {
 11    if(mouseX < 30 && mouseX > 70) {
 12      print("OK");
 13      rect(mouseX, mouseY, 20, 20);
 14    }
 15  }
```

　実行して、描画領域の中央付近をクリックしてみてください。OK と表示されないことがわかります。ということは、11 行目の if 文が正しくないことになります。if 文の条件式を見直すと「mouseX が 30 より小さく、かつ、mouseX が 70 より大きい」となっていることがわかります。30 より小さく、70 より大きい数字は存在しません。ここを修正します。

```
     ...
 10  function mouseClicked( ) {
 11    if(mouseX > 30 && mouseX < 70) {
 12      rect(mouseX, mouseY, 20, 20);
 13    }
 14  }
```

　これで中央付近をクリックすると正方形が描画されるようになりました。なお、このような条件は、不等号の向きを if (30 < mouseX && mouseX < 70) という向きで書いた方がわかりやすく、間違いにくくなります。以上、簡単ですが間違いの見つけ方の説明を終わります。

2.17　p5.js のプログラムで注意する点

　p5.js で注意すべき点は、「p5.js が JavaScript をベースにしている」ため、JavaScript で陥りがちな点が p5.js でも注意すべき点になります。初学者が注意すべき点は、次の 2 つです。

（1）let をつけないと変数がグローバル変数になってしまう。
（2）let をつけないと同じ変数がどこでもいくつでも定義できてしまう。

　両方とも対策は、「変数は必ず let で定義する」です。それぞれ例を見てみましょう。

（1）JavaScript は let で定義されていない変数を、勝手にグローバル変数にしてしまう。
　　以下に例を示します。

```
1  function setup() {
2    x = 11;              // xの最初の定義
3    print("setup: " + x); // xの表示。setup: 11と表示される
4  }
5
6  function draw() {
7    print("draw: " + x);  // draw: 11と表示される
8  }
```

　ここで、2 行目の x は let が書かれていないためグローバル変数となり、3 行目でも 7 行目でも x の値は 11 と表示されます。グローバル変数として使いたい場合は、setup 関数の前に let x; と書くべきですし、setup 内でだけ使いたいのなら、2 行目を let x = 11; とすべきです。

（2）let をつけないと同じ変数を複数個定義できてしまう。
　　以下の場合、4 行目は 12 を表示します。7 行目に let をつけるとエラーになるのでこのような

間違いが防げます。

```
1  let x = 11; // xの最初の定義
2
3  function setup() {
4    print(x); // xの表示(7行目の定義により12と表示される)
5  }
6
7  x = 12;      // xの2つ目の定義
```

2.18 まとめ

　簡単ですが、本章では、次章以降の p5.js のプログラムを理解するために最低限必要な機能の説明をしました。p5.js は JavaScript をベースにしていますが、ほとんどの機能は C 言語や Processing がベースにしている Java 言語などと共通しており、他の言語を知っている人には馴染みやすいものでしょう。

　最後の方で、p5.js 特殊な機能として、setup や draw などの特別な役割を持つ関数であるシステム関数や、描画領域の幅と高さを管理する特別な役割を持つ変数である width、height などのシステム変数について説明しました。それでは、次の章では 2 次元の図形を描画するグラフィックス機能について説明しましょう。

第3章

2次元グラフィックス
を扱う

　本章では、p5.js の提供する、三角形や四角形などの2次元図形や文字を描画する機能について説明します。なお、第2章を飛ばして本章から読んでいる方のために若干重複して説明していきます。

　図形の描画は、例えば、線の場合には、数学と同じように「始点 (0, 0) から終点 (100, 70) まで線を引く」という感じで行います。数学の授業では次のようにして x 軸、y 軸、すなわち座標系を決めて線を引いたと思います。

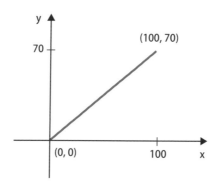

図3.1●数学の座標系

　このように座標系が決まると図形の描画位置が決まります。第2章でも簡単に説明しましたが、p5.js は数学の座標系とは異なる座標系を使用しています。

3.1　座標系

　座標系がどのようになっているかは、先ほどのように始点と終点を指定して線を描画してみることでおおまかに調べられます。図形を描画する関数は 3.3 節から詳しく説明しますが、直線は line という関数で描画できます。これは、引数を 4 つとり、最初の 2 つは直線の始点の x、y 座標、次の 2 つは終点の x、y 座標です。ですので、先ほどの (0, 0) から (100, 70) への直線の描画は次のように書けます。

```
line(0, 0, 100, 70);
```

　これを setup 関数に書いてください。次のようになります。p5.js Web エディタを利用されている場合は、2.15.3 節で説明したように createCanvas 関数と background 関数は不要なので削除してから入力してください。実行結果は右のようになります。

リスト3.1●DrawLineのsketch.js

```
1  // DrawLine
2  function setup() {
3    line(0, 0, 100, 70);
4  }
5
6  function draw() {
7
8  }
```

　この結果から推測できるように p5.js の座標系は次のようになっています。数学で習った座標系とは異なり、左上が座標系の原点、y 軸の正方向が下を向いています。

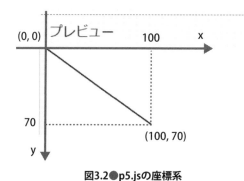

図3.2●p5.jsの座標系

3.2　描画領域

　このプログラムで少し遊んでみましょう。3行目を以下のように変更し実行してみてください。終点が先ほどの2倍先の位置になっています。

```
line(0, 0, 200, 140);
```

　しかし、これを実行してみると先ほどと同じ表示になります。プログラムとしてはさっきより長い線を引いているのですが、表示は変わりません。これは、描画できる範囲（「描画領域」と呼びます）からはみ出しているからです[※1]。

　この描画領域は、次のように background(220); を追加することで可視化できます。background 関数は描画領域の背景色を指定する関数で引数に指定した色で描画領域を塗りつぶします。ここで220はグレースケール値で灰色を表します。色に関しては3.3.1節で説明します。

```
1  // DrawLine
2  function setup() {
3    background(220);
4    line(0, 0, 100, 70);
5  }
6
```

[※1]　p5.jsの描画はHTML5のcanvas機能で実現されており、canvasタグの大きさを超える描画は表示されないのです。createCanvas関数の名前はこれに由来します。

```
7  function draw() {
     …
```

　draw関数（ここでは、7〜9行目）は、前のプログラムと同じですので、「…」で省略してありますが、みなさんは削除しないでください（以降のプログラムでも同様です）。これを実行すると次のように灰色で描画領域が示されます。

図3.3●描画領域を灰色で表示する

　何も指定しないと描画領域は横が100、縦が100のサイズになります。この描画領域外に描画されたものは表示されません（クリッピングされます）。先ほどline(0, 0, 200, 140)で表示が変わらなかったのはこのせいです。描画領域のサイズはcreateCanvas関数で指定できます。

---

createCanvas(width, height)
　指定されたサイズで描画領域（canvas）を用意する。

引数　width　描画領域の幅
　　　　height　描画領域の高さ
戻り値　なし

　この関数を用いて前のプログラムを以下のように書き換えてみましょう。

```
1  // DrawLine
2  function setup() {
3    createCanvas(300, 200); // 横幅300、高さ200の描画領域を作成する
4    background(128);
5    line(0, 0, 200, 140);
6  }
7
```

```
 8  function draw() {
      …
```

今度は、描画領域が大きくなり、次のように表示されるようになります[※2]。

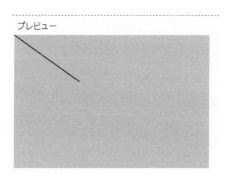

図3.4●描画領域のサイズを指定する

このような描画領域の大きさは、システム変数の width と height でわかります。例えば、以下のようにするとコンソールに「100 100」と初期状態の描画領域の大きさが表示されます。

```
function setup() {
  print(width, height);
}
```

最後に先ほど使用した background 関数を紹介します。1.8 節で説明したように [] は省略可能な引数を表します。ここでは v1 だけを使っています。

---

background(v1, [v2], [v3], [a])
　指定された色で描画領域の背景を塗りつぶす。

引数　　v1, v2, v3, a　　v1 だけを指定すると 0 〜 255 までのグレースケール値となる。
　　　　　　　　　　　　　　　残りの引数の詳細は、3.4.2 節参照

戻り値　なし

さて描画領域の説明が終わったので、実際に図形を描画してみましょう。

※2　すでに作成した描画領域のリサイズは resizeCanvas(width, height) を用います。

3.3 図形を描画する

p5.js では点、線、三角形、四角形、長方形、楕円、円弧を描画する関数が提供されています。まずは p5.js で使用できる図形描画関数の名前と引数の意味、描画結果を示します。

表3.1●図形の描画関数とその描画結果（[ ]は省略可能な引数を表す）

関数名と説明	描画結果
point(x, y) 　(x, y) の場所に点を描画する。	● (x, y)
line(x1,y1,x2,y2) 　(x1, y1) と (x2, y2) を結ぶ線を描画する。	(x1, y1) (x2, y2)
triangle(x1,y1,x2,y2,x3,y3) 　(x1, y1)、(x2, y2)、(x3, y3) を頂点とした三角形を描画する。	(x1, y1) (x3, y3) (x2, y2)
quad(x1,y1,x2,y2,x3,y3,x4,y4) 　(x1, y1)、(x2, y2)、(x3, y3)、(x4, y4) を頂点とした四角形を描画する。	(x1, y1) (x4, y4) (x3, y3) (x2, y2)
rect(x,y,width,height,[tl],[tr],[br],[bl]) 　(x, y) を左上の頂点とし、幅 (width)、高さ (height) の長方形を描画する。tl、tr、br、bl は、左上、右上、右下、左下の角の半径を指定する（リスト 6.4 参照）。	←width→ (x, y) height
ellipse(x, y, width, height) 　(x, y) を左上の中心とし、幅 (width)、高さ (height) の楕円を描画する。	←width→ height (x, y)
arc(x,y,width,height,start,stop,[mode]) 　(x, y) を左上の中心とし、幅 (width)、高さ (height) の円弧を指定したモード (mode) で、開始位置 (start) から終了位置 (stop) まで描画する（単位は、ラジアン（3.3.2節））。mode は OPEN、CHORD、PIE のいずれか（図 3.6 参照）。	←width→ stop ●start height (x, y)

実際に使用しながらそれぞれの使い方をみていきましょう。

3.3.1 描画関数の使用方法

例えば、長方形を描画してみましょう。次のように rect 関数を書くと、(40, 10) を左上の頂点として幅と高さが 50 の正方形が描画されます。プログラムと実行結果を示します。

```
1  function setup() {
2    rect(40, 10, 50, 50);
3  }
4
5  function draw {
     ...
```

プレビュー

このような描画関数を複数個実行すると、複数個図形が描画されます。これらは、実行した順番に描かれ、後から描画したものがそれより前に描画されたものの上に描かれます。プログラムと実行結果を示します。

リスト3.2●2つの四角形を描画する

```
1  // 2Rect
2  function setup() {
3    rect(40, 10, 50, 50); // これが最初に描画される
4    rect(20, 40, 50, 50); // これがその上に描画される
5  }
6
7  function draw {
     ...
```

プレビュー

今度は楕円を描画してみましょう。先ほどのプログラムの最初の四角を次のように楕円に変えてみます。楕円の引数は、最初の 2 つの数値が中心座標を指定することに注意してください。

```
1  function setup() {
2    ellipse(40, 30, 50, 50); // 引数: 中心座標、幅、高さ
3    rect(30, 40, 50, 50);
4  }
```

プレビュー

今度は楕円を描画して四角形を描画しているのでこのような結果になります。次は円弧を描画してみましょう。

3.3.2　円弧の描画

円弧の描画は arc 関数で行います。表 3.1 に示したように、円弧は start と stop で開始位置と終了位置を指定します。注意が必要なのは、これらが角度であることです。

```
arc(x, y, width, height, start, stop, [mode])
```

p5.js では、これの角度は、以下に示すように、引数で指定した (x, y) を中心とし、その周りの角度を考えます。0°は、(x, y) を通る x 軸の正方向です。開始位置の start、終了位置の stop は、そこから時計回りに測った角度です。単位は、「ラジアン」で指定します。

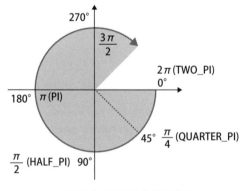

図3.5●p5.jsでの角度の指定

ラジアンは弧度法と呼ばれる方法で角度を指定するときの単位です。弧度法とは、360°を 2 π

とする角度の指定方法です（2 π は半径 1 の円の円周の長さ）。つまり、360° = 2 π （ラジアン）となります。弧度法に慣れない方は、angleMode 関数で弧度法と度数法を切り替えることもできますが、後述する度数法の角度をラジアンに変換する関数 radians も提供されています[3]。

---

angleMode(mode)
　弧度法と度数法を切り替える。

引数　　mode　　DEGREE（度数法）か RADIAN（弧度法）。デフォルトは DEGREE
戻り値　なし

弧度法で便利な定数として図 3.6 に示すような、PI（180°）、HALF_PI（90°）、QUARTER_PI（45°）、TWO_PI（360°）などが提供されています。

例えば、arc 関数で半円を描画するには、start を 0、stop を 180°（π）にすればよいので以下のいずれかで描画できます。後者はさきほどの radians 関数を用いています。

```
arc(50, 50, 80, 80, 0, PI);
arc(50, 50, 80, 80, 0, radians(180));
```

また、arc 関数の最後の引数の mode には、円弧の描き方を制御します。これには、OPEN、CHORD、PIE のいずれかが指定でき次のような結果になります。

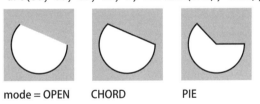

arc(50, 50, 80, 80, 0, radians(225), mode);

mode = OPEN　　CHORD　　PIE

図3.6●arc関数のmode

以上で基本図形の描画関数の説明はおしまいです。これらの図形を組み合わせることで、複雑な図形（クリオネ）も描画することができます。プログラムと実行結果を以下に示します。noStroke 関数は輪郭を描画しない、fill 関数は塗りつぶしの色を指定する関数です。これらは描

※3　逆に、ラジアンを度（°）に直す関数に degrees 関数があります。

画属性を制御する関数で次の節で説明します。

リスト3.3●DrawClioneのsketch.js

```
1   // DrawClione
2   function setup() {
3     let x = 50, y = 50;
4
5     noStroke(); // 輪郭線を描画しない
6     fill(180, 180, 255);  // 色の指定
7     ellipse(x, y, 25, 20);
8     ellipse(y, y+25, 20, 40);
9     triangle(x-10, y-5, x-5, y-17, x-2, y-9);
10    triangle(x+10, y-5, x+5, y-17, x+2, y-9);
11    quad(x-10, y+10, x-30, y+15, x-20, y+25, x-5, y+25);
12    quad(x+10, y+10, x+30, y+15, x+20, y+25, x+5, y+25);
13
14    fill(255, 0, 0, 70);  // 色の指定
15    ellipse(x, y, 15, 13);
16    ellipse(x, y+20, 13, 27);
17  }
18
19  function draw() {
    ...
```

プレビュー

3.3.3 頂点を指定した描画

ここまでは、長方形や円弧などあらかじめ決められた図形の描画の仕方を見てきました。しかし、実際にはそれ以外の形状もたくさんあります。それらは、その形状を定義する頂点を指定することで描画できます。サンプルプログラムの BeginShape のプログラムと実行結果を以下に示します。これは頂点列から描画されたものです。

リスト3.4●BeginShapeのsketch.js

```
1   // BeginShape
2   function setup() {
3     let points = [[10, 80], [30, 70], [50, 20], [70, 35], [90, 75]]; //頂点座標の配列
4
```

```
5    beginShape();               // 図形の定義開始
6    for(let i = 0 ; i < points.length; i++) {
7      let x = points[i][0];     // X座標
8      let y = points[i][1];     // Y座標
9      vertex(x, y);             // 頂点を指定
10   }
11   endShape();                 // 終了
12 }
13
14 function draw() {
   …
```

プレビュー

3行目が描画する頂点の座標群です。2次元配列になっており、最初の要素がx座標、2つ目がy座標からなる配列を要素に持つ配列になっています。

points[0][0]	points[0][1]	points[1][0]	points[1][1]		points[4][0]	points[4][1]
x座標	y座標	x座標	y座標	…	x座標	y座標
10	80	30	70	…	90	75

これらの座標を5行目のbeginShape関数と11行目のendShape関数の間で、vertex関数（9行目）で指定します。7行目、8行目でそれぞれの配列の要素からx座標、y座標を取り出しています。for文のループ変数が0 ～ point.length – 1（この場合は、4）まで変わり、それを配列の添え字に利用しています。こうすると各頂点を結んだ図形を描画することができます。

---

beginShape([type])

endShape 関数と組で用いられ、vertex 関数で指定された頂点を用いて図形を描画する。

引数　type　POINTS（点）、LINES（線分）、TRIANGLES（三角形）、TRIANGLE_FAN（連結した三角形）、TRIANGLE_STRIP（ある点を基準とした連結三角形）、QUADS（四角形）、QUAD_STRIP（連結四角形）のいずれかが指定可能。省略すると LINES となる。

戻り値　なし

---

endShape 関数は省略可能な引数を1つとります。省略したのがリスト3.4の場合で、引数にCLOSE を渡し endShape(CLOSE); とすると以下のように始点と終点が結ばれます。

図3.7●endShape(CLOSE)の効果

次は、描画を行う際に使用される描画属性について説明します。

3.4　描画属性

　長方形や円弧などの図形の描画は、いくつかの「描画属性」を持っており、それを変更することで描画された図形の見た目を変えることができます。描画属性とは、描画する際に使用される情報のことで、線には、幅、色、端点形状、結合形状など、三角形や長方形、楕円などの面を構成する図形には、面を塗る色があります。

3.4.1　線の幅と色、塗りつぶしの色

　何も指定しないで図形を描画すると、「図形の線は線幅1、線の色は黒色、塗りつぶしは白」で行われます（線の描画は塗りつぶす領域がないので影響しません）。これが初期状態の描画属性です。線幅を変更する場合は strokeWeight 関数、線の色を変更する場合は、stroke 関数、塗りつぶしの色には fill 関数を用います。まずは、strokeWeight 関数からです。以下にプログラムと実行結果を示します。ご覧のように4行目と6行目で線を描画する前に、strokeWeight 関数で線の幅を変更しているだけです。

リスト3.5●StrokeWeightのsketch.js

```
1  // StrokeWeight
2  function setup() {
3    line(10, 10, 80, 10); // 何も指定しない
4    strokeWeight(5);       // 幅5
5    line(10, 30, 80, 30);
6    strokeWeight(10);      // 幅10
```

プレビュー

```
 7    line(10, 60, 80, 60);
 8  }
 9
10  function draw {
     …
```

　線幅を指定してから図形を描画すると描画属性が変わりその線幅で描画されます。strokeWeight 関数の説明を以下に示します。

---

strokeWeight(weight)
　線の幅を指定する。

引数　　width　　線幅
戻り値　なし

　線の色や塗りつぶりの色を指定してみましょう。線の色は stroke 関数で指定し、また、長方形や文字の色などの塗りつぶしの色は fill 関数で設定します。

---

stroke(v1, [v2], [v3], [a])
　線の色を指定する。

引数　　v1 だけ指定するとグレースケール値になる。引数の意味は、次の節参照。
戻り値　なし

---

fill(v1, [v2], [v3], [a])
　塗りつぶしの色を指定する。

引数　　v1 だけ指定するとグレースケール値になる。引数の意味は、次の節参照。
戻り値　なし

　両方の関数を使った例と実行結果を以下に示します。

リスト3.6●StrokeFillのsketch.js

```
1  // StrokeFill
2  function setup() {
3    strokeWeight(5);
4    stroke(128);            // 線の色を指定
5    rect(40, 10, 50, 50);
6    fill(200);              // 塗りつぶしの色を指定
7    rect(20, 40, 50, 50); // 塗りつぶされた四角形が描画される
8  }
9
10 function draw {
     ...
```

プレビュー

　3行目で指定した線幅は5行目と7行目の両方の長方形の描画で使われ両方の線幅が太くなっています。これは、このような描画属性は、「一度設定すると変更するまでその描画属性が使われ続ける」という性質があるからです。ちょうど一色しか絵の具がおけない絵の具のパレットに絵の具を乗せ、その絵の具を使って描画するような感じです。絵の具を変えない限り同じ絵の具が使わるのと同じです※4。

　また、輪郭線を描画しない、面を塗りつぶさない場合は、noStroke関数、noFill関数を用います。

noStroke() / noFill()
　輪郭線の描画をしない／面を塗りつぶさない。

戻り値　なし

noStroke関数を使ったプログラムと実行結果を以下に示します。

リスト3.7●NoStrokeのsketch.js

```
1  // NoStroke
2  function setup() {
3    rect(40, 10, 50, 50);
```

※4　4行目と6行目を入れ替え fill(200) を4行目、stroke を6行目にするとこの例えと同じになります。

```
4    fill(200);    // 塗りつぶしの色を指定
5    noStroke();   // 輪郭線を描画しない
6    rect(20, 40, 50, 50);
7  }
8
9  function draw {
     ...
```

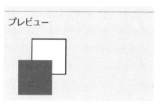

プレビュー

2つ目の四角形の輪郭線が描画されていないことがわかります。次は色の指定方法です。

3.4.2 色の指定方法

p5.js では、色の指定はさまざまな方法で行えます。ここでは、fill 関数を例に説明しますが、同様の指定方法が画面の背景色を設定する background 関数でも使えます。fill 関数は、引数を 1 〜 4 個とることができ、次の 4 通りの使用方法があります。

(1) fill(v1);
(2) fill(v1, a);
(3) fill(v1, v2, v3);
(4) fill(v1, v2, v3, a);

まず、最も簡単な（3）の場合について説明しましょう。色の指定方法はカラーモード（RGB と HSB）によって変わりますが、ここではデフォルトの RGB モードを説明します。HSB は付録 A を参照してください。

● fill(v1, v2, v3); 引数を 3 つとる場合（RGB カラー）

RGB モードの場合は、色を、赤（R）、緑（G）、青（B）の光の三原色で表し（詳細は、第 7 章参照）、各色の強さ（明るさ）を 0 〜 255 の範囲で指定します。v1 に R、v2 に G、v3 に B の強さを指定します。以下のように書くと（255 が最大の明るさなので）「真っ赤」になります。

```
fill(255, 0, 0);
```

これに対して他の色の明るさを強くしていくと色が変わります。例えば、2 番目の引数の緑を

加えると黄色になります。

```
fill(255, 255, 0);
```

このような形で光の三原色で色を指定するのが基本的な色の指定方法です。次は、これに1つ値が加わった（4）の指定方法です。

● fill(v1, v2, v3, a); 引数を4つとる場合（RGBAカラー）

ここで、新しく加わった引数はaで、「透明度」です。これも0〜255の値をとり、0に近いほど透明になり、下に描画された図形が見えます。255にすると完全に不透明（設定した色）になります。透明度に128を指定することで半分くらい透明になります。

```
fill(255, 255, 0, 128);
```

これで四角形を2つ描画すると以下のように下の四角形が透けて見えます。

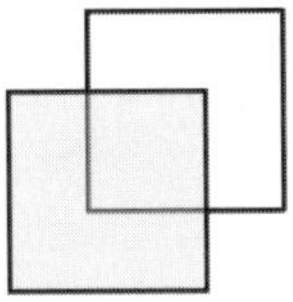

図3.8●透明度の描画への影響

次は（1）の指定方法です。これは、これまでも使ってきたグレースケールです。

● fill(v1); 引数を1つとる場合（グレースケール、もしくは、色を表す文字列）

1つだけ「数値」を指定した場合は、グレースケール値になります。グレースケール値は前の章でも説明しましたが、0〜255の値をとり、0が黒、255が白になり、それ以外の値は、灰色（グレー）になります。

最小値：0   最大値：255

図3.9●グレースケールの階調

これ以外に、文字列と配列が使用できます。これらは RGB もしくは RGBA の指定になります。これには次に示すような方法が可能です。

表3.2●色の指定方法

指定方法		例
CSS や SVG での色を表す文字列		`fill("red");`
6 桁の 16 進数を用いた RGB 表記		`fill("#ff0000");`
3 桁の 16 進数を用いた RGB 表記		`fill("#f00");`
整数を用いた表記	RGB	`fill("rgb(255, 0, 0)");`
	RGBA[5]	`fill("rgba(255, 0, 0, 1.0)");`
パーセントを用いた表記	RGB	`fill("rgb(100%, 0%, 0%)");`
	RGBA	`fill("rgba(100%, 0%, 0%, 1.0)");`
color 関数で作成した色		`fill(color(255, 0, 0));`
配列を用いた表記	RGB	`fill([255, 0, 0]);`
	RGBA	`fill([255, 0, 0, 255]);`

color 関数は色を作成する関数です。この関数は、次のような機能を持っており、作成した色は変数などに格納しておくことができます（リスト 7.6 参照）。

`color(v1, [v2], [v3], [a])`
　引数で指定された色を作成する。

引数　v1、v2、v3、a　引数の意味は、上記で説明したのと同じ。例えば、最初の 3 つ使った場合には、それぞれ、赤の強度、緑の強度、青の強度となる。

戻り値　Color オブジェクト（実際には、指定された色を表す配列）。要素は、[赤の強度 , 緑の強度 , 青の強度 , 透明度] となる。

最後は、（2）の、引数を 2 つとる場合です。

● `fill(v1, a);`　引数を 2 つとる場合（透明度）

2 つ目の引数の値は透明度になります。つまり v1 で指定した色の透明度になります。

以上で、RGB モードの説明はおしまいです。

※ 5　`rgba` 関数を使うときは a が 0 〜 255 ではなく 0.0 〜 1.0 になります

3.4.3 長方形と円の描画モード

p5.js は何も指定しないと、円は中心点を指定して描画し、長方形は左上を指定して描画することになります。これは rectMode 関数、arcMode 関数で変更することができます。

---

rectMode(mode)

長方形の描画モードを変更する。

引数　　mode　　CENTER、CORNER、CORNERS、RADIUS のいずれか（表 3.3）
戻り値　なし

---

ellipseMode(mode)

円の描画モードを変更する。

引数　　mode　　CENTER、CORNER、CORNERS、RADIUS のいずれか（表 3.3）
戻り値　なし

描画モードを変えると rect 関数、ellipse 関数の引数の意味は表 3.3 のように変わります。

表3.3●長方形と円の描画モード

描画モード	描画結果
CENTER（円のデフォルト） (x, y) を中心の点として描画する rect(x, y , width, height) ellipse(x, y, width, height)	
CORNER（長方形のデフォルト） (x, y) を左上の点として描画する rect(x, y , width, height) ellipse(x, y, width, height)	

描画モード	描画結果
CORNERS 　(x1, y1) を左上の点、(x2, y2) を右下の点として描画する 　rect(x1, y1 ,x2, y2) 　ellipse(x1, y1, x2,y2)	(x1, y1) (x2, y2)
RADIUS 　(x, y) を中心として、hr は幅の半分、vr は高さの半分として描画する 　rect(x, y , hr, vr) 　ellipse(x, y, hr, vr)	hr vr (x, y)

CORNERS はマウスなどで 2 点を指定してそのまま長方形や楕円を描画する際に便利です。

3.4.4 線の描画モード

線は、線幅に加え、線の端点形状と 2 つの線の結合部分の描画方法を設定できます。これには、strokeCap、strokeJoin 関数を用います。

---

strokeCap(mode)

線の端点の形状を設定する。

| **引数** | mode | SQUARE、PROJECT、ROUND のいずれか |
| **戻り値** | なし | |

SQUARE
PROJECT
ROUND

---

strokeJoin(mode)

線の結合モードを設定する。

| **引数** | mode | MITER、BEVEL、ROUND のいずれか |
| **戻り値** | なし | |

MITER(左)
BEVEL(中)
ROUND(右)

以上で図形の描画に関する説明はおしまいです。今度は文字の描画です。

3.5 文字を描画する

文字の描画は、第2章でも触れましたが、以下のように text 関数で行えます。

```
function setup() {
  text("こんにちは", 40, 30);
}
```

text 関数は次のような機能を持っています。

---

text(str, x, y, [width], [height])
　str で指定した文字列を (x, y) の位置に描画する。

引数	str	描画する文字列。¥n を指定すると表示が改行される※6
	x、y	描画位置を指定する
	width、height	文字列を描画する幅と高さ
戻り値	なし	

ここで描画位置は、下のようにフォントごとに決められた原点からになります。例えば、ghost の場合の原点は以下の場所になります。

図3.10●文字の原点

このようにして描画された文字列の幅はフォントやサイズで変わります。描画された文字や文字列の幅は、textWidth 関数で得られます。

---

textWidth(str)
　引数で指定した文字列を描画した場合の横幅を計算する。

※6　エディタによっては ¥ ではなくバックスラッシュ（\）で表示されるので注意してください。

引数	str	文字列
戻り値	文字列を描画するのに必要な横幅	

この関数は、次の章の 4.2.2 節でキー入力を扱うときに使用しています。

3.5.1 色、サイズ、行間の幅を変更する

文字の色を変更は fill 関数で行います。文字のサイズ変更は次の textSize 関数を用います。

---

textSize(size)

　文字のサイズを設定する。

引数	size	文字のサイズ
戻り値	なし	

¥n を使用して複数行描画する場合は、textLeading 関数で行間を調整することができます。

---

textLeading(lead)

　行間を指定する。text 関数で ¥n を使用した場合に有効になる。

引数	lead	行間の幅
戻り値	なし	

以下にサンプルプログラムと実行結果を示します。

```
1  // TextSizeLeading
2  function setup() {
3    let str = "文字列が¥n重なります";
4    textSize(18);
5    textLeading(10);
6    text(str, 10, 50);
7  }
8
```

プレビュー

文字列が
重なります

```
9  function draw() {
   ...
```

4行目で文字サイズを18に設定し、5行目のtextLeading関数で行間がそれよりも狭い10に設定されているため、6行目で描画する文字列が重なって表示されます。次は、このような文字のフォントの指定方法について説明しましょう。

3.5.2 フォントを設定する

フォントを変更するには2つの方法があります。

（1）ブラウザが提供するフォントを用いる
（2）Open TypeフォントやTrue Typeフォントを用いる

ここでは（1）のブラウザの提供するフォントを用いる方法を説明します。（2）は付録Bで説明します。（1）では、以下のtextFont関数を用います。

---

textFont(f)
　text関数で描画される文字のフォントを設定する。

引数　f　ブラウザがサポートするフォント名[7]、または、loadFont関数（付録B）で読み込んだフォント

戻り値　なし

以下に例を示します。ご覧のようにブラウザのフォントを指定する場合は、引数にそのフォント名を書くだけです。プログラムと実行結果を以下に示します。

リスト3.8●TextFontのsketch.js

```
1  // TextFont
2  function setup() {
3    textSize(20);
4    textFont("Monotype Corsiva"); // フォントを指定
5    text("Hello World!", 5, 20);
```

[7]　Webセーフフォントなどがブラウザで共通して使えます（https://developer.mozilla.org/ja/docs/Learn/CSS/Styling_text/Fundamentals）

```
6    textFont("HG正楷書体-PRO");   // フォントを指定
7    text("厚い本", 5, 45);
8  }
9
10 function draw() {
   …
```

プレビュー

Hello World!
厚い本

以上で、2次元グラフィックスの基本的な機能の説明はおしまいです。後は、座標系を動かす座標変換機能がありますが、少しわかりにくいかもしれないので、先にこれまで説明した図形をアニメーションさせる方法を説明しましょう。初心者の方は、次節のアニメーションまで読んで次の章に進んでもかまいません。

3.6 アニメーション

　図形をアニメーションさせる方法については簡単に第2章で説明しました。アニメーションの原理は、図3.11のように、少しずつ違う絵（この場合は、向きの違う三角形）を連続して人間が見ると、人間の目が錯覚し、その絵が動いている（図3.12のように三角形が回転している）ように見えるという性質を利用しています。このような性質を利用して、ゲームでは1秒間に60枚、アニメでは24枚の絵を表示しています。

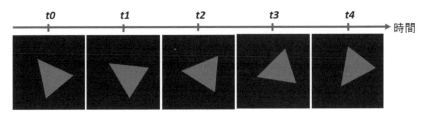

図3.11●少しずつ異なる絵を描画する

図3.12●図形のアニメーション

　図 3.11 は、時刻 t0、t1、t2、t3、t4 に描画する三角形を示しています。これらを連続して表示すると人間の目がそれらを補間して、滑らかなアニメーションとして見せてくれるのです。

　このようなアニメーションを実現するために必要となる仕組みは次の 4 つです。

（1）t0、t1、t2、t3……というように繰り返し図形（三角形）を描画する関数を呼び出す。
（2）その関数が呼び出されたときに、前に描画した図形（三角形）を消す。
（3）指定された角度で図形（三角形）を描画する。
（4）描画位置（角度）を変更する。

　ここの（1）で便利なのが p5.js のシステム関数の draw です。draw 関数は、setup 関数の実行後、繰り返し実行されます。ここでは、四角形を左上から下に移動させるプログラムを作成してみます。三角形を回転させるのはちょっと難しいので 3.7.2 節の座標変換で説明します。以下のプログラムを実行するとわかりますが、四角形が右下に到達したら、左上から出てくるように描画されるようになっています。

リスト3.9●MovingRectのsketch.js

```
1  // MovingRect
2  let x = 0; // 長方形を描画する位置
3
4  function setup() {
5
6  }
7
8  function draw() {        // (1) 繰り返し描画する
9    background(255);       // 描画領域をクリア((2) 前に描画した絵を消す)
10   rect(x, x, 30, 30);    // (3) 正方形を描画
11   x++;                   // (4) 描画位置を変更
12   if (x > height) {
13     x = 0;               // 一番下まで行ったら左上に移動する
14   }
15 }
```

プレビュー

　ここで 9 行目の background 関数は（2）の処理に対応し、前に描画された絵を消しています（最初の 1 回は何も描画されていないので消してはいないですが）。10 行目で（3）に相当する長方形を描画し、11 行目で（4）に相当する描画位置の変更を行っています。これを繰り返すことでア

ニメーションが実現できます。(1) の繰り返しは、draw 関数が勝手にやってくれます。

3.6.1 フレームレートを変更する

このような draw 関数は CPU の速度にもよりますが 1 秒間に約 60 回実行されます。この 1 秒間に表示される画像の枚数を「フレームレート」といいます。1 秒間に 60 回の場合は、フレームレートは 60 になります。

フレームレートは、frameRate 関数で変更できます。p5.js では draw 関数の呼び出し回数が制御されます。設定したいフレームレートを引数に指定します。例えば、以下ではフレームレートは 1 になり、長方形の動きがゆっくりになります。

リスト3.10●FrameRateのsketch.js

```
1  // FrameRate
2  let x = 0; // 長方形を描画する位置
3
4  function setup() {
5    frameRate(1); // フレームレートを1にする
6  }
7
8  function draw() {
9    background(255);          // 描画領域をクリア(前に描画した絵を消す)
10   rect(x, x, 30, 30);       // 長方形を描画
11   x++; // 描画位置を変更
12   if (x > height) { x = 0; } // 一番下まで行ったら左上に移動する
13  }
```

現在のフレームレートの値は、frameRate 変数で知ることができます。

3.6.2 描画ループを止める、再開する

draw 関数は何もしないでおくとそのままずっと実行されてしまいます。これは、アニメーションなどをさせていない場合には無駄です。draw 関数は、noLoop、loop、redraw 関数で止めたり、再開したりできます。以下は、マウスクリックで draw 関数の実行を停止（noLoop 関数）するプログラムです。mouseClicked 関数は次の章で説明しますが、マウスボタンがクリックされると実行

されるシステム関数です。また、mouseButton変数は押されたボタンが格納されるシステム変数です（左ボタンの場合は、LEFTが格納されます）。

リスト3.11●NoLoopのsketch.js

```
1  // NoLoop
   ...
9  function draw() {
10    background(255);          // 描画領域をクリア(前に描画した絵を消す)
11    rect(x, x, 30, 30);       // 長方形を描画
12    x++;                      // 描画位置を変更
13    if (x > height) { x = 0; }  // 一番下まで行ったら上に移動する
14  }
15
16  function mouseClicked() {
17    if (mouseButton === LEFT) { // 左ボタンが押された
18      noLoop();                 // drawの実行を止める
19    }
20  }
```

draw関数を一度だけ実行したい場合は、redraw関数を使用します。例えば次のようにするとクリックした時にだけ描画され、長方形がアニメーションするようになります。

リスト3.12●Redrawのsketch.js

```
1  // Redraw
2  let x = 0;
3
4  function setup() {
5    noLoop(); // drawの実行を止める
6  }
7
8  function draw() {
      ...
16  }
17
18  function mouseClicked() {
19    redraw(); // 1回だけdraw関数を実行する
20  }
```

3.7 図形を移動、回転、拡大・縮小する

さて、これで図形や文字列を描画するプログラムが手に入りました。今度は、図形を移動、回転、拡大縮小する方法を説明しましょう。このような操作はまとめて「座標変換」（アフィン変換）と言います。座標変換というと難しく聞こえますが、実際には、移動（平行移動）、回転、拡大縮小の3つが基本です。そう考えると大分気が楽になるのではないかと思います。

3.7.1 平行移動

p5.jsでは何も指定しないと原点は描画領域の左上になります。translate関数は、この原点を含む座標系を移動させることができます。座標系を移動するというと難しそうですが、図を見るとわかります。以下のように、前の座標系から指定された分だけ座標系が移動するだけです。移動したあとは、その座標系の原点相対で図が描画されます。

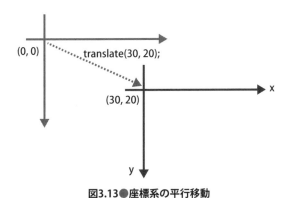

図3.13●座標系の平行移動

translate関数の機能を以下に示します。

---

translate(x, y)
　座標系の原点を (x, y) に平行移動する。

引数　　x、y　　x軸方向、y軸方向の移動量
戻り値　なし

例えば、次のようにすると同じ引数のrect関数（3と5行目）を使っても座標系を移動した後だと、描画される場所が異なります。実行結果とプログラムを以下に示します。

リスト3.13●Translateのsketch.js

```
1  // Translate
2  function setup() {
3    rect(5, 5, 40, 40); // 長方形の描画
4    translate(30, 20);  // 座標系の原点を移動する
5    rect(5, 5, 40, 40); // 長方形の描画
6  }
7
8  function draw() {
9
10 }
```

プレビュー

これは、translate関数が、座標系の原点を (0, 0) から (30, 20) に「平行移動」したため、translate関数を実行した後の描画は、この平行移動された座標系内で行われるからです。つまり、新しい座標系での (5, 5) という点は、平行移動する前の座標系の (35, 25) になります。このため、同じ引数を指定しても描画される場所が変わるのです。

このような座標変換は、3.3.2節で紹介したDrawClioneのようなプログラムで便利です。クリオネは、x、yという変数で描画する場所を制御していました。このx、yはすべての描画関数に指定する必要がありましたがtranslate関数を使うと次のように変数なしで書けます。

```
1  // DrawClione
2  function setup() {
3    translate(50, 50);     // 座標系を平行移動する
4
5    noStroke();            // 輪郭線を描画ない
6    fill(180, 180, 255);  // 色の指定
7    ellipse(0, 0, 25, 20);
8    ellipse(0, 25, 20, 40);
9    triangle(-10, -5, -5, -17, -2, -9);
10   triangle( 10, -5,  5, -17, +2, -9);
11   quad(-10, 10, -30, 15, -20, 25, -5, 25);
12   quad(10, 10, 30, 15,  20, 25, 5, 25);
13
14   fill(255, 0, 0, 70);  // 色の指定
```

```
15    ellipse(0, 0, 15, 13);
16    ellipse(0, 20, 13, 27);
17  }
    …
```

クリオネを描画している7〜16行目は、は以下の点を原点としてそれ相対で描画しているのです。ですので、全体を移動させるにはその原点を移動させるだけでよいのです（3行目）。

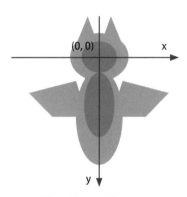

図3.14●クリオネの原点

このように複数の描画関数で作られている図形は原点をうまく設定して作図しておくとその後の扱いが楽になりますが、座標変換を利用した図形を複数表示する場合には注意が必要です。これに関しては、付録C.2を参照してください。次は、座標系を回転させてみましょう。

3.7.2　回転

rotate関数を利用すると、座標系を回転させることができます。座標系を回転して図形を描画すると、回転した図形が描画できます。回転は、どこを中心に回転させるか（回転中心）とその回転角度で決まります。回転中心は、現在の座標系の原点です。回転角度は、x軸を正の方向を0°として時計回りの方向で、3.3.2節で説明したラジアンで指定します。指定方法は、3.3.2節で説明した円弧の場合と同じです。その時に用いた図を再掲しておきます。

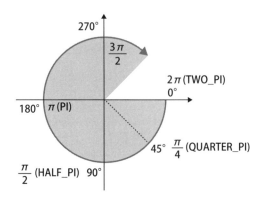

図3.15●p5.jsでの角度の指定

---

rotate(angle)

　指定された角度で座標系を回転する。正の値を指定すると時計回り、負の値を指定すると反時計回りに回転する。

引数　angle　回転角度（デフォルトの単位はラジアン）
戻り値　なし

`rotate(radians(30));` を実行すると座標系は次の図のように回転します。

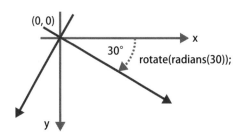

図3.16●座標系の回転

　例えば、次のプログラムを実行してみましょう。実行結果は右のようになります。同じ引数で正方形を描画していますが、座標系が回転しているので2つ目の正方形は回転されて描画されます。このように座標系を回転すると回転した図形を簡単に描画することができます。

リスト3.14●Rotateのsketch.js

```
1  // Rotate
2  function setup() {
3    rect(5, 5, 40, 40);
4    rotate(radians(30)); // 座標系を30°回転させる
5    rect(5, 5, 40, 40);
6  }
7
8  function draw() {
9
10 }
```

プレビュー

　平行移動と回転を組み合わせると、座標系を好きな位置に好きな角度で設定できます。例えば、原点を (30, 20) に平行移動して、30°回転させると次のようになります。これを利用する移動して回転する図形などを描画する際に、わざわざ座標変換後の座標をプログラム（手で？）計算して描画関数に指定する必要がなくなります。

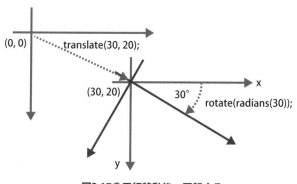

図3.17●平行移動後、回転する

　このサンプルとして座標系を描画領域の中央に移動しそこで回転させてから四角形を描画したものを以下に示します。先ほどとは異なる位置に描画されていることがわかります。

```
1  // TranslateRotate
2  function setup() {
3    translate(width/2, height/2); // 描画領域の中央に平行移動
4    rotate(radians(30));          // 30°回転する
5    rect(-25, -25, 50, 50);
6  }
```

プレビュー

```
7
8  function draw()  {
    …
```

　プログラムでは、3行目で座標系の原点を描画領域の中央に移動しています。ここで回転させれば描画領域の中心で座標系を回転させることができます。5行目のrect関数の引数を調整して、長方形の中心が原点になるように描画しています[8]

　このような座標変換関数の実行順番には注意が必要です。順番で結果が異なるからです。translate関数を実行してrotate関数を実行した場合と、rotate関数を実行後、translate関数を実行した場合には以下のように結果が異なります。

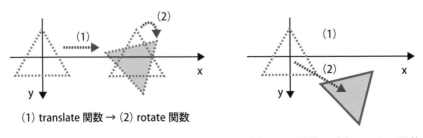

(1) translate 関数 → (2) rotate 関数

(1) rotate 関数 → (2) translate 関数

図3.18●座標変換の順番で結果が異なる

　右のようになるのは、先にrotateするとまず座標系が回転し、回転した後の座標系で座標系が平行移動するからです。

　このような座標変換を使うと、先ほど宿題にした三角形（図形）の回転のアニメーションを簡単に実現できます。

リスト3.15●RotatingTriangleのsketch.js

```
1  // RotatingTriangle
2  let angle = 0;                    // 回転角度
3
4  function setup() {
5
6  }
7
```

プレビュー

※8　3.4.3節で説明したrectMode関数でCENTERを指定してもよいでしょう。

```
 8  function draw() {
 9    background(220);                    // 前に描画した三角形を消す
10    translate(width/2, height/2);       // 描画領域の中央に平行移動する
11    rotate(radians(angle));             // 回転する
12    triangle(0, -25, 25, 25, -25, 25);  // 三角形を描画する
13    angle++;                            // 角度を増やす
14    if (angle > 360) {
15      angle = 0;
16    }
17  }
```

11 行目で座標系を回転させてから 12 行目で三角形を描画しています。つまり、三角形を回転させるのではなく、座標系の方を回転させるのです。回転角度は angle 変数で制御され、14 行目は 360°を超えた場合（座標系が一回転した）に角度を 0°に戻す処理です。

3.7.3　拡大・縮小

座標系を拡大縮小するには scale 関数を用います。これは 2 つの書き方ができます。

---

scale(size) / scale(x, y)
　座標系を指定した倍率で拡大する。

引数　　size　　全体の倍率
　　　　　　x、y　　x 軸方向の倍率、y 軸方向の倍率
戻り値　なし

座標系を拡大縮小するというのはちょっとわかりにくいかもしれませんが、次の図のように座標系の目盛りが拡大縮小すると考えるとわかりやすいでしょう。以下では拡大した目盛りで同じサイズの正方形を描画するので、2 倍の大きさの正方形が描画されます。

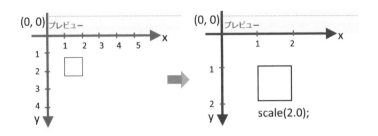

図3.19●座標系を拡大縮小する

　以下に、サンプルプログラムと実行結果を示します。実行すると2つ目の四角形は大きさも線の太さも3倍になります。

リスト3.16●Scaleのsketch.js

```
1  // Scale
2  function setup() {
3    noFill();      // 重なってしまうので塗りつぶさない
4    rect(0, 0, 30, 30);
5    scale(3.0);    // 3倍にスケーリングする
6    rect(0, 0, 30, 30);
7  }
8
9  function draw() {
     …
```

　以上で、座標変換の説明はおしまいです。これ以外に、せん断処理を行う shearX 関数、shearY 関数、座標変換用の行列を扱う applyMatrix 関数、resetMatrix 関数などがあります。これらは p5.js のリファレンスを参照してください。

　また、線幅や色、座標変換などの描画属性を何度も切り替えて描画を行う際に便利な機能に、描画属性の保存・復元機能があります。これは付録Dを参照してください。

3.8 まとめ

　本章では、p5.js の座標系、描画領域、図形の描画方法、アニメーションの方法、図形の座標変換の方法を説明しました。もともとデザイナやアーティスト向けに開発されたものですので、かなり豊富な機能がサポートされていることがわかります。これらを組み合わせて視覚的に面白いアプリケーションが簡単に作成できると思います。次の章では、インタラクティブなアプリケーションを作成する際に必須のマウスやキーボードを扱う方法について説明します。

第4章

マウス、キーボードを扱う

p5.js では、マウスボタンが押されたり、キーが押されたことをプログラムで検知することができます。これにより、マウスやキーボードで操作するプログラムを作成することができます。第2章の最後の方の、マウスボタンが押された場所に文字列を描画するプログラムはそのようなプログラムの1つでした。本章ではマウスとキーボードの扱い方を説明します。まず、マウスから見ていきましょう。

4.1 マウス操作を扱う

マウス操作を扱うプログラムは、第2章で簡単に紹介しましたが、ここに再掲しておきます。これは、マウスでクリックした場所に文字列を描画するものです。以下のプログラムを実行し、マウスでクリックすると右のようにクリックされた場所に「こんにちは」と表示されます。

リスト4.1●ClickedTextのsketch.js

```
1  // ClickedText
2  function setup() {
3    createCanvas(400, 400);
4  }
5
```

```
 6  function draw() {
 7
 8  }
 9
10  function mouseClicked(){
11    text("こんにちは", mouseX, mouseY);
12  }
```

プレビュー

こんにちは　　こんにちは

こんにちは

こんにちは

こんにちは　　こんにちは

このような機能を実現するポイントは、10行目で定義されている mouseClicked 関数です。この関数は、マウスがクリックされたときに p5.js が自動的に実行してくれるシステム関数です。システム関数とは、p5.js が「あらかじめ用意してある関数」で特定の条件になると自動的に実行してくれる関数のことです。

このプログラムでは、10行目で mouseClicked 関数を定義しています。このためマウスをクリックするとこの mouseClicked が実行され、11行目で文字列が描画されます。ここで、文字列の描画位置に指定しているのが、mouseX と mouseY です。これらの変数は、マウスの x 座標と y 座標を管理するシステム変数です。システム変数は p5.js が提供している特殊な変数で、その意味に基づく値が自動的に格納されています。これを用いることで、「マウスでクリックした場所」に文字列が描画されるようになります。

それでは、まず、マウス操作に関連するシステム関数、システム変数から見ていきましょう。

4.1.1　システム関数、システム変数

マウス操作を扱うシステム関数には以下のようなものがあります。

表4.1●マウス関連のシステム関数

システム関数名	実行されるタイミング
mouseMoved()	マウスボタンを押さずにマウスを動かしている間
mouseDragged()	マウスボタンを押しながらマウスを動かしている間（mouseDragged 関数が定義されていない場合は、touchMoved 関数（第5章）が実行される）。押されたボタンはシステム変数の mouseButton で得られる（表4.2参照）。
mousePressed()	マウスボタンを押した時（mousePressed 関数が定義されていない場合は、touchStarted 関数（第5章）が実行される）。押されたボタンは mouseButton で得られる（表4.2参照）。
mouseReleased()	マウスボタンを放した時（mouseReleased 関数が定義されていない場合は、touchEnded 関数（第5章）が実行される）。押されたボタンは mouseButton で得られる（表4.2参照）。
mouseClicked()	マウスボタンをクリックした時

システム関数名	実行されるタイミング
mouseWheel(event)	マウスホイールやタッチパッドが操作された時。この関数には引数（event）が渡され、event.delta プロパティはマウスホイールの移動量で正負でスクロール方向を表す。

　これらのうち、mousePressed 関数、mouseReleased 関数、mouseClicked 関数は実行される順番が決っており、mousePressed 関数、mouseReleased 関数、mouseClicked 関数の順番で実行されます[1]。

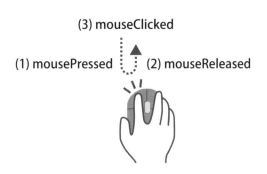

図4.1●マウスボタン操作の関数の実行順序

　次にシステム変数を示します。

表4.2●マウス関連のシステム変数

システム変数名	説明
mouseX	描画領域の (0,0) から相対のマウスポインタの x 座標
mouseY	描画領域の (0,0) から相対のマウスポインタの y 座標
pmouseX	直前（1 フレーム前）のマウスポインタの x 座標（mouseX）
pmouseY	直前（1 フレーム前）のマウスポインタの y 座標（mouseY）
mouseButton	操作されたマウスボタン。LEFT（左ボタン）、RIGHT（右ボタン）、CENTER（中ボタン）
mouseIsPressed	マウスボタンが押されているかどうか。true（押されている）

　それでは、これらのシステム関数とシステム変数を使ってみましょう。

※ 1　システム関数、変数は次の点に注意してください。（1）mouseClicked などのシステム関数は名前を間違えて定義してもエラーになりません。これは、「新しい関数」として定義されてしまいます（2.16.1 節参照）。また、（2）システム変数（mouseX や mouseY）をプログラム内で let mouseX, mouseY; という形で定義してしまうとシステム変数としての機能を失い、「ただの変数」になってしまいます。

4.1.2 マウスドラッグで円を描画する

マウスをドラッグするとマウスポインタの座標に円を描画するプログラムを作成してみます。最初に、どのようなものか、まず遊んでみてください。サンプルプログラムの MouseDragged を実行し、マウスボタンを押した状態でマウスを動かすと右のように絵が描けます。

リスト4.2●MouseDraggedのsketch.js

```
1  // MouseDragged
2  function setup() {
3    createCanvas(400, 400);
4    fill(0); // 黒く塗りつぶす
5  }
6
7  function draw() {
8
9  }
10
11 function mouseDragged(){
12   ellipse(mouseX, mouseY, 20, 20); // マウスの位置に円を描画する
13 }
```

プレビュー

プログラムは先ほどの ClickedText とほとんど変わりません。3行目でサイズ 400 × 400 の描画領域を作成し、4行目で、描画に使用する塗りつぶしの色を黒にしています。後は、マウスがドラッグされたときに円を描画しているだけです。11行目の mouseDragged 関数は表 4.1 で説明したように、マウスがドラッグされると実行されます。12行目は、マウスポインタの位置 (mouseX, mouseY) に高さ 20、幅 20 で円を描画しているだけです。

このようなシステム関数を変えるだけでプログラムの振る舞いが変わります。例えば、mouseDragged を mouseMoved に変えると、今度はマウスボタンを押さずにマウスを動かしただけで円が描画されるようになります。

4.1.3 線がつながるように描画する

先ほどのプログラムはマウスを素早く動かすと円と円の間に隙間が空いてしまう場合があります。mouseDragged 関数が実行されて円が描画され、次に mouseDragged が実行されたときにマウ

スポインタが前に描画した円から大きく移動してしまっているからです。これは、1つ前のマウスポインタの位置を覚えておき、現在のマウスポインタの位置との間に線を描画することで解決できます。このような場合に便利なのが pmouseX、pmouseY 変数です。

　MouseDragged を次のように書き換えて実行してみてください。今度は、つながった線で描画されるようになります。

リスト4.3●MouseDrawのsketch.js

```
1  // MouseDraw
2  function setup() {
3    createCanvas(400, 400);
4    stroke(0);          // 描画する色を黒にする
5    strokeWeight(20); // 線の幅を20にする
6  }
   …
11 function mouseDragged(){
12   line(pmouseX, pmouseY, mouseX, mouseY);
13 }
```

プレビュー

　12行目の line 関数の引数を見てください。line 関数は、始点から終点に線を引く関数です。ここでは、始点に1つ前のマウスの座標を表す pmouseX、pmouseY、終点に現在のマウスの座標を表す mouseX、mouseY を指定して線を引いています。これで間が途切れなくなります。

　なお、4～5行目では、線を黒く太くするためのもので、これは前のプログラムと描画結果が似るようにするためです。

4.1.4　マウスホイールで円を上下させる

　今度は mouseWheel 関数を使ってみます。これは、マウスホイールを回転させると実行され（表4.2）、その引数で回転方向がわかります。ここでは、描画領域の中央に黒い丸を表示してそれをマウスホイールで上下に動かしてみましょう。以下に MouseWheel のプログラムと実行結果を示します。ホイールを操作すると上下に動くことがわかります。

リスト4.4●MouseWheelのsketch.js

```
1  // MouseWheel
2  let x = 160, y = 120;      // 円の最初の位置
3
```

```
 4  function setup() {
 5    createCanvas(400, 400);
 6    fill(0);
 7    ellipse(x, y, 20, 20);  // 黒丸を描画する
 8  }
    …
14  function mouseWheel(event){
15    y += event.delta / 10;  // 丸の位置を変更する
16    ellipse(x, y, 20, 20);  // 丸を描画する
17  }
```

プレビュー

2行目のxとyは円の描画位置を管理する変数です（実際には、x座標は変えてません）。これらは7と16行目のellipse関数で使われています。15行目で、mouseWheel関数の引数に渡されるeventオブジェクトのdeltaプロパティをyに足しています。deltaプロパティはホイールによるスクロール量なので10で割って適当な値にしています。こうすることでyの変更で円がホイールに合わせて動くようになります。

4.1.5 マウスカーソルを変更する

今度はマウスカーソルを変えてみましょう。マウスカーソルは、cursor関数で簡単に変更できます。例えば、描画領域の右半分で手の形になり、左半分で十字の形に変わるようにしてみます。以下にプログラムと実行結果を示します。

リスト4.5●MouseCursorのsketch.js

```
 1  // MouseCursor
 2  function setup() {
 3    background(220);  // 描画領域をわかりやすく
 4  }
 5
 6  function draw() {
 7    if (mouseX < width / 2) {
 8      cursor(MOVE);   // 十字のカーソル
 9    } else {
10      cursor(HAND);   // 手のカーソル
11    }
12  }
```

プレビュー

ご覧のように 7 行目の if 文で、マウスポインタの位置にあわせて形状を cursor 関数で変えて設定しています。cursor 関数は以下のような機能を持ちます。

---

cursor(type, [x], [y])
　カーソルの形をあらかじめ用意されているものに設定する。

引数　type　ARROW、CROSS、HAND、MOVE、TEXT、WAIT のいずれか
　　　　x、y　マウスのホットスポット（クリックされた時にカーソル内のどの座標がクリックされたことになるかを指定する）
戻り値　なし

以上で、マウス操作の扱い方の説明はおしまいです。次は、キー操作の扱い方について説明します。

4.2　キー操作を扱う

キーボードのキーを押すなどのキー操作も、マウス操作と同様にシステム関数、システム変数を利用することで処理できます。キーを扱う場合に注意が必要なのは、いわゆる a 〜 z などの「表示可能なキー」と、Shift、Ctrl、矢印キーなどの「表示されないキー（非表示キー）」で扱いが異なることです。まずはシステム関数、システム変数をざっと見ていきましょう。

4.2.1　システム関数、システム変数

キー操作を扱うシステム関数には以下のようなものがあります。

表4.3●キーボード関係のシステム関数

システム関数名	実行されるタイミング
keyPressed()	キーを押した時。押されたキーはシステム変数の keyCode や key で得られる（表4.4 参照）。大文字、小文字は区別されない。
keyReleased()	キーを離した時。押されたキーは keyCode や key で得られる（表 4.4 参照）。大文字、小文字は区別されない。

システム関数名	実行されるタイミング
keyTyped()	キーを押した時。押されたキーは keyCode や key で得られる（表 4.4 参照）。大文字、小文字は区別されるが、Ctrl、Shift、Alt キーなどは無視される。
keyIsDown(code)	引数（code）で指定されたキーが押されているかをチェックする。code はキーコード（表 4.4 の keyCode で得られるもの）を渡す。

キーを押して放した時は、keyPressed 関数、keyTyped 関数、keyReleased 関数の順で実行されます。それぞれちょっと似ていますが次の点が異なるので注意してください。

- keyPressed、keyReleased 関数では、大文字、小文字の区別はつきません。大文字、小文字を区別したい場合は、keyTyped 関数を使用してください。
- keyTyped 関数は、Shift キー、Ctrl キー、Alt キーなどが押されても実行されません。全キー操作を扱いたい場合は、keyPressed と keyReleased 関数を用いてください。

次に、システム変数を以下に示します。

表4.4●キーボード関係のシステム変数

システム変数名	説明
keyIsPressed	キーが押されている場合に true、そうでない場合に false
key	押されたキー（大文字、小文字を知りたい場合は keyTyped 関数内で使用する。keyTyped で使用すると a キー押下時の key には "a"、A キー押下時には 2 つに別れ "Shift" と "a" が格納される。keyPressed では、a は "a"、A は "A" が key に格納される）。非表示キーは keyCode を使用
keyCode	押されたキーのキーコード[2]。通常は、以下の非表示キーで用いる。BACKSPACE、DELETE、ENTER、RETURN（Mac 用）、TAB、ESCAPE（Esc キー）、SHIFT、CONTROL（Ctrl キー）、OPTION（Mac 用）、ALT、UP_ARROW（↑キー）、DOWN_ARROW（↓キー）、LEFT_ARROW（←キー）、RIGHT_ARROW（→キー）

それでは、これらのシステム関数とシステム変数のうちいくつかを使ってみましょう。

4.2.2 入力したキーを表示する

入力されたキーをそのまま表示するプログラムを作成してみましょう。以下にプログラムと実行結果を示します。KeyTyped を実行して「You never know what you're gonna get.」と入力した例です。キーを押していくと、文字がどんどん表示されるのがわかります。

[2] キーコードはキーを 10 進数で表したものです。非表示キー以外にも 0 は 48、A は 65 など、すべてのキーを読むことができます。キーコードは、https://keycode.info/ で調べることができます。

リスト4.6●KeyTypedのsketch.js

```
1  // KeyTyped
2  let x = 0, y = 50;        // キーの最初の描画位置
3
4  function setup() {
5    createCanvas(400, 100);
6  }
   …
12 function keyTyped(){
13   text(key, x, y);        // キーを描画する
14   x += textWidth(key);    // 描画位置を変更する
15 }
```

プレビュー

You nerver know what you're gonna get.

2行目は文字を描画する位置を保持する変数です（実際にはy座標は変えてません）。キーが押されると12行目のkeyTypedが実行され13行目でkey変数（入力されたキーが格納されている）を使って文字を描画しています。14行目で描画した文字の幅をxに加えることで入力された文字が順次右に表示されていくようになります。バックスペースなどは使えませんが、実装したい場合は、次のkeyTypedを使ってください。入力された文字列は配列に代入しておいて、draw関数で描画するようにして、Backspaceキーが押されたら1文字分配列から削除するようにしてみてください。

4.2.3　矢印キーを使用する

今度は、矢印キーを使って円の描画位置を制御してみましょう。矢印キーは画面に表示されないキーなのでkeyTyped関数では扱えません。代わりにkeyPressed関数を用います。サンプルプログラムのKeyPressedを実行すると中央に黒い円が表示され、矢印キーを押すことで上下左右に移動させることができます。p5 Webエディタではプレビュー領域をクリックしてからキーを押してください。以下にプログラムと実行結果を示します。

リスト4.7●KeyPressedのsketch.js

```
1  // KeyPressed
2  let x = 160, y = 120;     // 円の初期位置
3
4  function setup() {
5    createCanvas(400, 400);
```

```
 6    fill(0);               // 円を黒く塗りつぶす
 7    ellipse(x, y, 20, 20);
 8  }
    …
14  function keyPressed(){
15    if (keyCode === UP_ARROW) {
16      y -= 1;              // ↑
17    } else if (keyCode === DOWN_ARROW) {
18      y += 1;              // ↓
19    } else if (keyCode === LEFT_ARROW) {
20      x -= 1;              // ←
21    } else if (keyCode === RIGHT_ARROW) {
22      x += 1;              // →
23    }
24    ellipse(x, y, 20, 20);
25  }
```

プレビュー

　2 〜 8 行目はリスト 4.4 の MouseWheel とほぼ同じで、描画領域の中央付近に黒い円を描画しています。矢印キーが押されると 14 行目の keyPressed 関数が実行されます。この関数の中では、15 〜 23 行目で keyCode 変数を用いることでどの矢印キーが押されたかをチェックして、円の中心座標を変更しています。あとは 24 行目で変更した座標に円を描画しているだけです。ここでは else if 文を使いましたが、switch 文でも同様の処理が書けます。

4.3　まとめ

　本章では、p5.js でマウスやキー操作を扱うプログラムについて説明しました。基本的には、mouseClicked などのシステム関数でマウス操作やキー操作を捕捉し、その関数内で、mouseX や mouseY、key や keyCode などのシステム変数を使って必要な処理を書いていきます。このようなシステム関数、システム変数を用いるプログラミング方法は、次の章で紹介するスマートフォンを扱うプログラムを作成する場合にも同じです。それでは、スマートフォンの扱い方を見てみましょう。

第5章

スマートフォンを扱う

　p5.js で作成したアプリケーションはブラウザで動かすことができるので、そのままスマートフォンのブラウザでも動かすことができます。一方で、スマートフォンは、パソコンとは異なり、タッチパネルを指で操作できたり、スマートフォンの動きや向きの変化を検出するセンサーが搭載されています。p5.js では、このようなタッチパネルや、センサーをプログラムから利用でき、スマートフォンに特化したプログラムを作成することができます。本章では、p5.js がスマートフォン用に提供している機能について説明します。

5.1 タッチパネル操作を扱う

　タッチパネルは指で触れた場所を検出する機能を持つため、マウスに似ています。このためプログラムの仕方もマウス操作を扱う場合と同じです。まずは、第2章と前の章で紹介した、クリックした場所に文字列を描画するプログラムをタッチパネル用に書き換えてみましょう。以下に再掲します。

```
1  // ClickedText
2  function setup() {
3    createCanvas(400, 400);
4  }
```

```
 5
 6  function draw() {
 7
 8  }
 9
10  function mouseClicked(){
11    text("こんにちは", mouseX, mouseY);
12  }
```

　このプログラムのポイントは、10 行目で定義されているシステム関数の mouseClicked とマウスでクリックした場所を管理するシステム変数 mouseX と mouseY でした。これと同様なシステム関数や変数がタッチパネル用に用意されています。それでは、まず、タッチパネル操作に関連するシステム関数、システム変数から見ていきましょう。

5.1.1　システム関数、システム変数

　タッチパネルを扱うシステム関数には以下のようなものがあります。

表5.1●タッチパネル関連のシステム関数

システム関数名	実行されるタイミング
touchStarted()	タッチパネルをタッチした時（touchStarted 関数が定義されていない場合は、mousePressed 関数（第 4 章）が実行される）。タッチされた場所はシステム変数の mouseX、mouseY などで得られる（表 4.2 参照）。 false を返すとブラウザのデフォルトの動作が抑制されます（後述）。
touchMoved()	タッチされたままで指を動かしている間（touchMoved 関数が定義されていない場合は、mouseDragged 関数（第 4 章）が実行される）。タッチされた場所は mouseX、mouseY などで得られる（表 4.2 参照）。 false を返すとブラウザのデフォルトの動作が抑制されます。
touchEnded()	タッチパネルから指を放した時（touchEnded 関数が定義されていない場合は、mouseReleased 関数（第 4 章）が実行される）。指を放した場所は mouseX、mouseY などで得られる（表 4.2 参照）。 false を返すとブラウザのデフォルトの動作が抑制されます。

　これらの関数は、touchStarted 関数、touchMoved 関数、touchEnded 関数の順で実行されます。

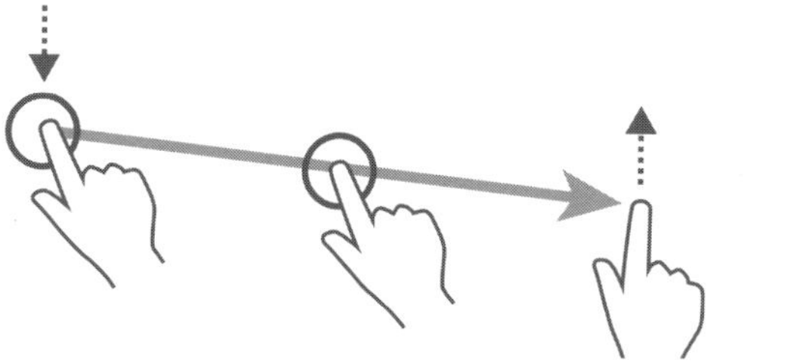

図5.1●タッチパネル操作の関数

次にシステム変数を示します。最初の4つはマウス処理のと同じです。

表5.2●タッチパネル関連のシステム変数

システム変数名	
mouseX	タッチされた場所の x 座標
mouseY	タッチされた場所の y 座標
pmouseX	直前（1フレーム前）のタッチされた場所の x 座標（mouseX）
pmouseY	直前（1フレーム前）のタッチされた場所の y 座標（mouseY）
touches[]	複数箇所タッチされている場所の座標群

先ほどの ClickedText をタッチパネル用に書き直すと以下のようになります。

リスト5.1●TouchedTextsのsketch.js

```
 1  // TouchedTexts
 2  function setup() {
 3    createCanvas(400, 400);
 4    background(220);   // 描画領域を灰色に
 5    textSize(20);      // フォントを大きく
 6  }
 7
 8  function draw() {
 9
10  }
11
12  function touchStarted(){
13    text("こんにちは", mouseX, mouseY);
14    return false;
15  }
```

12行目のシステム関数が mouseClicked から touchStarted 関数に変わっただけです。4行目の background 関数で描画領域に色をつけています。これは、スマートフォンの画面の解像度が高いと描画領域が小さくなり、どこをタッチしたらよいかがわかりにくくなることがあるからです。5行目のフォントを大きくしているのも同じ理由です。サイズは適宜変更してください。

14行目の return false; はブラウザが提供するタッチ操作に対する動作を抑制するためのものです。スマートフォンのブラウザには、指で操作することで画面をスクロールしたり、画像を拡大したり縮小する機能が組み込まれています。これらの機能が動いてしまうと今回のプログラムでは邪魔になります。この関数の戻り値として false を返すと、このようなブラウザに組み込まれた処理が行われなくなります。

実行結果を以下に示します。画面が縦長なので下の方をトリミングしてあります。このプログラムをスマートフォンで実行する簡単な方法は、1.5.6節で説明した p5.js Web エディタの「共有」機能で URL を生成し、それをメールか何かでスマホに送る方法です。送られた URL をタップして実行してください[1]。

図5.2●TouchedTextsの実行結果

次は、マウス操作の説明の時に作成したような、お絵かきプログラムを作ってみましょう。

5.1.2 タッチで円を描画する

前の章でマウスをドラッグするとマウスポインタの座標に円を描画するプログラムを作成しました。これをタッチパネル用に書き換えてみましょう。TouchMoved のプログラムと実行結果を以下に示します。

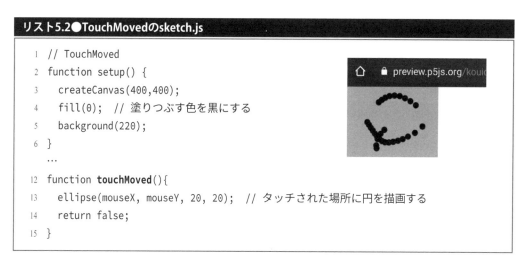

リスト5.2●TouchMovedのsketch.js

```
1  // TouchMoved
2  function setup() {
3    createCanvas(400,400);
4    fill(0);  // 塗りつぶす色を黒にする
5    background(220);
6  }
   …
12 function touchMoved(){
13   ellipse(mouseX, mouseY, 20, 20);  // タッチされた場所に円を描画する
14   return false;
15 }
```

プログラムで先ほどの TouchedTexts と変わっているのは 12 行目の関数名だけです。touchMoved 関数はタッチパネルに指が触れているときに呼び出され、TouchTexts と同様に円を描画しているだけです。線が途切れてしまう問題は次のプログラムで対応します。

5.1.3 画面一杯に表示する

前の章では、この後で丸と丸の間に隙間が空かないようにしました。これは、先ほどの ellipse 関数を line 関数に変え、1 つ前にタッチされた場所を管理する pmouseX、pmouseY 変数を使うだけで同じように実現できます。これだけではつまらないので、描画領域を画面一杯にしてみましょう。スマートフォンでは、プログラムを実行するブラウザは、画面一杯に表示されているので、その幅と高さにすればよいだけです。これは、windowWidth、windowHeight というシステム変数で得られます。以下に、プログラムと実行結果を示します。

リスト5.3●TouchDrawのsketch.js

```
1  // TouchDraw
2  function setup() {
3    createCanvas(windowWidth, windowHeight);
4    stroke(0);           // 黒く塗りつぶす
5    strokeWeight(20);  // 幅を20に
6    background(200);
7  }
8
9  function draw() {
10
11 }
12
13 function touchMoved() {
14   line(pmouseX, pmouseY, mouseX, mouseY);
15   return false;
16 }
```

今度は実行すると、画面一杯が描画領域になり、なおかつ、線がつながって描画されることがわかります。

5.1.4 マルチタッチを扱う

スマートフォンでは画像や地図を2本の指で拡大したり縮小したりすることができます。これは、それぞれの指が画面に触れている位置を用いて実現されています。ここでは、2本の指の位置に応じて、図形の大きさが変わるプログラムを作ってみましょう。サンプルプログラムを実行して2本の指で操作すると以下のように四角形の大きさが指の位置に合わせて変わります。

図5.3●MultiTouchの実行結果

　以下にプログラムを示します。複数箇所をタッチされた場合は、それぞれの位置は表5.2の
touches配列に格納されます。

リスト5.4●MultiTouchのsketch.js

```
1  // MultiTouch
2  let lx = 0, ly = 0, w = 0, h = 0; // 左上のxy座標、幅と高さ
3
4  function setup(){
5    createCanvas(windowWidth, windowHeight);
6  }
7
8  function draw() {
9    background(220);
10   rect(lx, ly, w, h);              // 四角形の描画
11  }
12
13  function touchMoved() {
14   let x1 = touches[0].x;          // 1本目の指の座標
15   let y1 = touches[0].y;
16   let x2 = touches[1].x;          // 2本目の指の座標
17   let y2 = touches[1].y;
18   // 四角形を描画するための前処理
19   if (x1 < x2) { lx = x1; }       // 左上のx座標
20   else { lx = x2; }
21   if (y1 < y2) { ly = y1; }       // 左上のy座標
22   else { ly = y2; }
```

```
23    w = abs(x1 - x2);              // 幅。absは絶対値をとる関数
24    h = abs(y1 - y2);              // 高さ
25    return false;
26  }
```

　これまでのプログラムと大きく異なるのは、2本の指を扱うのでmouseX、mouseYではなく、touches配列を用いている点です。14〜17行目で、2本の指のxy座標をx1、y1、x2、y2変数に代入しています。18行目以降の処理をわかりやすくするためにこのような変数に代入していますが、そのままtouchesを使われてもかまいません。

　19〜22行目は四角形を描画するための前処理です。四角形を描画するrect関数は、左上のx、y座標、その四角形の幅と高さを引数にとるので、14〜17行目で得たx1〜y2変数から四角形の左上のx、y座標、幅と高さを計算する必要があります。例えば、以下の図のように1本目の指が左下(x1, y1)をタッチし、2本目の指が右上(x2, y2)をタッチしたとしましょう。

図5.4●左上の座標の求め方

　この場合、x1とx2の小さい方、y1とy2の小さい方を組み合わせれば、左上の座標が求まります。これを行っているのが、19〜22行目です。四角形の幅と高さは、絶対値を計算するabs関数を用いて23〜24行目のようにx座標、y座標の差から計算することができます。あとは、ここで計算した座標を用いてdraw関数内の10行目で四角形を描画するだけです。

　以上で、タッチパネルの操作の扱い方に関する説明はおしまいです。次は、スマートフォンが内蔵しているセンサーの扱い方について説明しましょう。

5.2 スマートフォンの動きを扱う

　スマートフォンを縦にして持って地図を表示していて、画面を横にすると自動的に表示が回転し、地図が横に表示されます。これはスマートフォンに搭載されているセンサーがスマートフォンの向きを検知し、その情報をもとに表示を切り替えているからです。ですので、このようなスマートフォンの向きや動きがどのような情報としてプログラムで得られるのかがわかれば処理することができます。その基本となるのが、スマートフォンの座標系です。まず、スマートフォンの座標系から説明しましょう。

5.2.1 スマートフォンの座標系

　スマートフォンは 3 次元の物体なので以下のように、x、y、z の 3 つの軸を持ちます。x 軸はスマートフォンの画面を左から右、y 軸は下から上、z 軸は裏から表（画面）に向かっています。

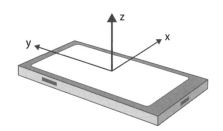

図5.5●スマートフォンの座標系

　これでスマートフォンの各軸に関する平行移動が定義できます。例えば、スマートフォンを縦に持ち画面の上の方向に動かすと、y 軸の正方向に動かしたことになります。また、スマートフォンの画面を見ながら奥から手前に引いた場合は z 軸の正方向への移動になります。このような動きは加速度センサーでとらえられ、x 軸方向や z 軸方向の加速度として得られます。単位は、m/s^2 です。

　スマートフォンの向きは、x、y、z 軸を軸とする回転の角度で決まります。これらの角度は以下に示すように α、β、γ という名前がついており 3 種類あります。

- α は、スマートフォンの z 軸を中心した角度（画面を同じ方向に向けたまま回転させる時の角度）

- βはx軸を中心にした角度（前後に傾けた時の角度）
- γはy軸を中心にした角度（左右方向に傾けた時の角度）

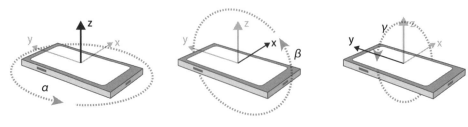

図5.6●スマートフォンの向き

　3つの角度の値がすべて0になるのは、「スマートフォンを地面に対して水平にし、y軸を北に向けた場合」です。では、システム関数とシステム変数を見ていきましょう。

5.2.2　システム関数、システム変数

　スマートフォンの動きや向きを扱うシステム関数には以下のようなものがあります。

表5.3●動きや向きを扱うシステム関数

システム関数名	実行されるタイミング
deviceMoved()	スマートフォンがx軸、y軸、z軸のいずれかの方向に回転し、向きがしきい値（デフォルトは0.5°）以上変わった時。しきい値はsetMoveThreshold関数で変更可能。
deviceTurned()	スマートフォンが90°より大きく回転した時
deviceShaken()	スマートフォンが振られた時。具体的にはx軸方向の動きの変化とy軸方向の動きの変化を足したものがしきい値（デフォルトは、30）よりも大きい時。しきい値はsetShakeThreshold関数で変更可能。

　以下は、スマートフォンを回転させた場合と振った場合のしきい値を設定する関数です。

表5.4●しきい値を設定する関数

関数名	説明
setMoveThreshold(t)	スマートフォンがどのくらい動いたらdeviceMoved関数を実行するかを設定。デフォルトは0.5°
setShakeThreshold(t)	スマートフォンがどのくらい振られたらdeviceShaken関数を実行するかを設定。デフォルトは30

　次に、システム変数を示します。

表5.5●センサー関係のシステム変数

システム変数名	説明
accelerationX	x軸方向の加速度（m/s²）
accelerationY	y軸方向の加速度（m/s²）
accelerationZ	z軸方向の加速度（m/s²）
pAccelerationX	直前（1つ前のフレームで）のx軸方向の加速度（m/s²）
pAccelerationY	直前（1つ前のフレームで）のy軸方向の加速度（m/s²）
pAccelerationZ	直前（1つ前のフレームで）のz軸方向の加速度（m/s²）
rotationX	βの値（度の場合は−180〜180、ラジアンは−PIからPI）
rotationY	γの値（度の場合は−90〜90、ラジアンは−PI/2からPI/2）
rotationZ	αの値（度の場合は、0〜360、ラジアンは0〜2*PI）
pRotationX	直前（1つ前のフレームで）のβ
pRotationY	直前（1つ前のフレームで）のγ
pRotationZ	直前（1つ前のフレームで）のα
deviceOrientation	スマートフォンの向き。"landscape"（横）もしくは"portrait"（縦）

　それでは、これらのシステム関数とシステム変数のうちいくつかを使ってみましょう[2]。

5.2.3　縦向きか横向きかをチェックする

　スマートフォンが縦向きの場合には「縦です」と表示し、横向きの場合は「横です」と表示するプログラムを作ってみましょう。実行結果を以下に示します。なお、画面の自動回転機能を停止されている場合は、それを解除にしてから実行してください。

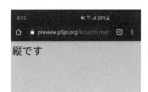

図5.7●Orientationの実行結果

　スマートフォンの向きは表4.4のdeviceOrientation変数の値を調べることで簡単に実現できます。以下にプログラムを示します。

※2　角度を調べるときはZ-X-Yの順番で呼び出さないと変な値が返る場合があります。また、rotationZはコンパスがスマートフォンに搭載されていない場合は利用できません。

リスト5.5●Orientationのsketch.js

```
1  // Orientation
2  function setup() {
3    createCanvas(windowWidth, windowHeight);
4    textSize(80); // 大きなフォントを用いる
5  }
6
7  function draw() {
8    background(220);
9    if(deviceOrientation === "portrait") { // 縦横チェック
10     text("縦です", 10, 100);
11   } else if (deviceOrientation === "landscape") {
12     text("横です", 10, 100);
13   } else {
14     text("未定義", 10, 100);
15   }
16 }
```

ご覧のように9行目と11行目でdeviceOrientation変数をチェックしているだけです。"portrait"が縦です。あとはそれに合わせてtext関数で文字を表示しています。

それでは、次は、deviceMoved関数を使ってスマートフォンを傾けるとボールが転がるプログラムを作ってみましょう。

5.2.4 ボールを転がす

実行している様子を示します。スマートフォンを傾けると傾けた方にボール（赤い丸）が転がっていきます。以下は、スマートフォンを向こう側に倒した場合の例を示します。

図5.8●DeviceMovedの実行結果

このようなプログラムはスマートフォンが傾いたタイミングがわかれば簡単に実装できます。ここで使うのがdeviceMoved関数です。以下にプログラムを示します。

リスト5.6●DeviceMovedのsketch.js

```
1  // DeviceMoved
2  let x, y; // ボールの描画位置
3
4  function setup() {
5    createCanvas(windowWidth, windowHeight);
6    x = width / 2; y = height / 2;   // 最初は中央に表示
7    fill("red");                     // ボールを赤にする
8    setMoveThreshold(0.05);          // しきい値を小さくし感度を上げる
9  }
10
11 function draw() {
12   background(255);
13   ellipse(x, y, 80, 80);           // ボールを描画
14 }
15
16 function deviceMoved() {
17   x += rotationX;                  // x軸方向に移動
18   y += rotationY;                  // y軸方向に移動
19   if (x < 0) { x = 0; }            // 画面を左にはみ出した場合の処理
20   if (x > windowWidth) { x = windowWidth; }   // 右
21   if (y < 0) { y = 0; }                        // 上
22   if (y > windowHeight) { y = windowHeight; } // 下
23 }
```

2行目のx、yは赤いボールの描画位置を管理する変数です。まずsetup関数の8行目でsetMoveThreshold関数を用いてdeviceMoved関数が実行されるしきい値を小さくして感度をよくしています。しきい値を小さくすることで、スマートフォンが少し傾いても、deviceMoved関数が実行されるようになります。この関数は16行目で定義されています。

スマートフォンが傾くと16行目のdeviceMoved関数が実行されます。ここでは、x軸とy軸を中心にスマートフォンがどれだけ動いたかを利用しています。これは、それぞれ、rotationXとrotationY変数に格納されています（表4.4）。17、18行目では、その値をそのままボールの移動量としてxとyに足しています。19〜22行目はすこしごちゃごちゃしていますが、画面（描画領域）の外に出た場合の処理です。例えば、19行目はボールが左側に行って、x座標が0より小

さくなったらそこで止まるように x 座標を 0 にしています。20 行目後は右端に行った場合の処理です。draw 関数内の 12 行目で画面をクリア、13 行目でボールを描画することでアニメーションを実現しています。

最後は、スマートフォンを振ったら数字を表示するプログラムを作成してみましょう。

5.2.5　スマートフォンを振る

スマートフォンが振られたかどうかは関数でわかります。今回のプログラムは、この関数が何回実行されたかを画面に数字で表示します。実行例を以下に示します。

図5.9●DeviceShakenの実行例

以下にサンプルプログラムを示します。

リスト5.7●DeviceShaken

```
1  // DeviceShaken
2  let count = 0; // 振った回数
3
4  function setup() {
5    createCanvas(windowWidth, windowHeight);
6    textSize(width / 4);
7  }
8
9  function draw() {
10   background(220);
```

```
11    text(count, (width - textWidth(count)) / 2, height / 2); // 回数を描画
12  }
13
14  function deviceShaken() {
15    count++;
16  }
```

　2行目の count は、deviceShaken 関数が実行された回数を保持する変数です。これは、14行目の deviceShaken 関数で1つずつ増えるようになっています（6行目）。あとは、11行目でその回数表示しているだけです。数値を中央に表示させるために、第2引数で数字の幅を引いています。なお、使ってみるとわかりますが、deviceShaken 関数は、accelerationX と accelerationY を利用しているため実際に振った回数より大きめの値が表示されるので注意してください。

5.3　まとめ

　本章では、p5.js でスマートフォンのタッチパネルのタッチを検出したり、センサーを利用したスマートフォンの移動や回転を扱うプログラムについて説明しました。基本的には、マウス操作やキー操作を扱ったプログラムのように、deviceMoved 関数などのシステム関数を定義し、その関数内で accelerationX や accelerationY などのシステム変数を用いて必要な処理をしていくだけです。これまでと同じようにプログラミングできるので、特に、タッチパネルやセンサーを意識する必要はありません。それでは、次は、画面にボタンやスライダーを表示する UI 部品を扱うプログラムを説明していきましょう。

第 6 章

UI 部品を扱う

p5.js では、ボタンやスライダー、入力フィールドなどを持つアプリケーション画面を作成するための UI（User Interface）部品が提供されています。それほど機能は豊富ではありませんが、簡単なインタラクティブ（対話的）なアプリケーションを作成する場合には便利です。例えば、ボタンは、これまでに説明した rect 関数で長方形を描画して、その中に文字を書き、その長方形内がマウスでクリックされた場合になんらかの処理をすれば、とりあえず「ボタン」として機能するものが作れます。しかし、実際に作ってみると、ボタンを押した時にボタンの色を変えたり、複数個配置したくなったりするなどなかなか大変です。本章では、そのような苦労をせずに簡単に使える UI 部品の使い方について説明します。まずは、ボタンから見ていきましょう。

6.1 ボタン

ボタンは、マウスやタッチパネルでその部分を押すと何らかの処理を行ってくれるものです。ここでは、ボタンをクリックすると文字列を表示するプログラムを作ってみましょう。実行すると「押して」と書かれたボタンが表示され、それをクリックすると「押された！」と表示します。これを実現するサンプルプログラムと実行を以下に示します。

リスト6.1●Buttonのsketch.js

```
1  // Button
2  function setup() {
3    let button = createButton("押して");  // ボタンの作成
4    button.mousePressed(clicked);         // クリックされたらclicked関数を実行
5  }
6
7  function draw() {
8
9  }
10
11 function clicked() {
12   text("押された !", 10, 50);
13 }
```

プレビュー

押された！

押して

　ボタンは使用する前に作成しておく必要があります。ボタンの作成は4行目のcreateButton関数で行っています。引数はボタンに表示される文字列です。この関数で作成されたボタン（オブジェクト）をbuttonという変数に代入しています。なお、ボタンは描画領域に表示されるのではなく独自の表示領域を持ち、描画領域とは重ならないことに注意してください。このため、ここでは100×100の描画領域が表示され、その下にボタンが表示されています。

---

createButton(label, [value])
　ボタンを作成する。

引数　　label　ボタンに表示する文字列
　　　　　value　ボタンが持つ値（文字列が設定可能）
戻り値　ボタンを管理するオブジェクト（p5.Element オブジェクト）

　作成されたボタンは、さまざまなメソッドを持っておりボタンの文字列を変更したり機能を加えることができます（表6.1）。ここでは、ボタンが押された時に文字列を表示したいので、ボタンが押されたタイミングがわかる必要があります。このような時に使用するのが、mousePressedメソッドで、引数にボタンが押された時に実行される関数（コールバック関数）を設定できます。ここでは、4行目でclickedという名前の関数を渡しています。この関数は11行目で定義されており、そこで「押された！」という文字列を描画しています（12行目）。以下にボタンが提供するメソッドを示します。

表6.1●ボタンオブジェクトの提供するメソッド

メソッド名	説明
mousePressed(func)	ボタンが押された時に指定した関数 func が実行されるようにする
html(label)	ボタンのラベルを label で指定した文字列にする
size(width, height)	ボタンのサイズを設定する
position(x, y)	ボタンの表示位置を設定する。左上が原点。右方向が x 軸の正方向、下方向が y 軸の正方向
style(prop, value)	スタイルを設定する。指定されたプロパティ（prop）に、値（value）が設定される
hide()	非表示にする
show()	表示する
value([val])	引数を指定しないと値を取り出す（6.2 節）。指定するとその値が設定される
changed(func)	保持する値が変わった時に指定された関数 func が実行されるようにする（6.4、6.5 節）

　UI 部品はオブジェクト指向の継承機能を利用して作成されているので、ちょっとわかりにくいですが、このうち size、position、style、hide、show、value、changed メソッドは、以降で説明するボタン以外の UI 部品や描画領域でも共通して使える点に注意してください。例えば、position メソッドを用いることで描画領域の位置を次のようにして指定できます。

```
let canvas = createCanvas(100, 100);
canvas.position(50, 100);    // 右に50、下に100の場所が描画領域の左上になる
```

　ボタンは以下のようなプロパティを持ち、これらのプロパティも先ほどのメソッドと同様に他の UI 部品でも共通して使えます。

表6.2●ボタンのプロパティ

プロパティ名	説明
width	ボタンの幅
height	ボタンの高さ

　では、html メソッドを使用した例を示しましょう。このプログラムは、ボタンを押すと描画領域の背景の色が変わり、背景の色のグレースケール値をボタンのラベルとして表示するものです。プログラムと実行結果を以下に示します。

リスト6.2●ButtonLabelのsketch.js

```
1 // ButtonLabel
2 let gray = 0;          // 背景の色
3 let button;            // ボタンを管理する変数
```

```
 4
 5  function setup() {
 6    button = createButton(str(gray));  // ボタンの作成
 7    button.mousePressed(clicked);       // クリックされたらclickedを実行
 8    background(gray);
 9  }
    …
15  function clicked() {
16    gray += 2;              // grayを2増やす
17    button.html(gray);      // ボタンのラベルを変更
18    background(gray);
19  }
```

プレビュー

134

6 行目の str 関数は数値を文字列に直す関数です。gray は数値なのでボタンのラベルに合うように文字列に変換しています。ボタンのラベルの設定は 17 行目で html メソッドで行っています。このメソッドは html という名前が示すように引数に HTML で書かれた文字列で指定することができます。例えば、「<b> 押して </b>」と書くと強調された表示になります。

最後に、style メソッドの例を以下に示します。ボタンの文字列の色とフォントサイズを変更する場合には次のようになります[1]。

```
button.style("color", "red"); // "red"の部分はCSSで指定できるものが使用できる "#ff000"
button.style("font-size", "18px");
```

このようなボタンと描画領域を組み合わせると以下のようなお絵かきプログラムが簡単に作ることができます。このプログラムは、鉛筆をクリックするとドラッグで線が引け、消しゴムをクリックすると消せます。実際のプログラムは、サンプルプログラムの SimpleDraw を参照してください。

※ 1　指定できるプロパティは CSS のプロパティなどを参照してください（https://www.tagindex.com/stylesheet/properties/）。

図6.1●SimpleDrawの実行結果

それでは、次は、ボタンと一緒に使われることの多い入力フィールドについて見てみましょう。

6.2　入力フィールド

入力フィールドは、ユーザが入力したものをプログラムに渡すためのものです。インターネットを検索するときにキーワードを入力するブラウザの検索窓を思い出すとよいでしょう。ここでは、入力フィールドに入力された文字列に応じて処理を変えるプログラムを作成します。以下に実行結果を示します。

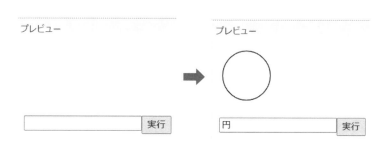

図6.2●ButtonInputの実行結果

下にある四角い入力領域に、「長方形」と入力し［実行］ボタンをクリックすると長方形を描画し、「円」と入力すると円を描画します。それ以外は入力された文字列をそのまま描画します。このプログラムは次のようになっています。

リスト6.3●ButtonInputのsketch.js

```
1  // ButtonInput
2  let input;                    // 入力フィールドを管理する変数
```

```
3
4  function setup() {
5    input= createInput();              // 入力フィールドの作成
6    let button = createButton("実行");  // ボタンの作成
7    button.mousePressed(clicked);      // クリックされたらclickedを実行
8  }
9
10 function draw() {
11
12 }
13
14 function clicked() {
15   background(255);
16   let cmd = input.value();      // 入力されたテキストを取り出す
17   if (cmd === "長方形") {
18     rect(10, 10, 80, 80);
19   } else if (cmd === "円") {
20     ellipse(50, 50, 70, 70);
21   } else { text(cmd, 10, height / 2); }
22 }
```

入力フィールドはボタンと同様に createInput 関数で作成します（5 行目）。

---

createInput([value])

　テキスト入力用のフィールドを作成する。

引数　　value　入力フィールドに表示する文字列（デフォルト値）
戻り値　入力フィールドを管理するオブジェクト（p5.Element オブジェクト）

　続けて 6 行目でボタンを作成することで図 6.2 のように入力フィールドとボタンを並べて配置できます。位置を細かく調整したい場合は position メソッドを使ってください。あとは、フィールドに入力された文字列を取り出すだけです。これは前節の表 6.1 で紹介した value メソッドでできます（16 行目）。結果は文字列で得られます。ここでは、取り出された文字列は cmd 変数に代入され、その後 17 行目からの if 文で処理されます。

　次はスライダーを使ってみましょう。

6.3 スライダー

スライダーはつまみを持つ UI 部品で、つまみの位置で値を指定します。スライダーの作成、使い方はボタン、入力フィールドとほぼ同じです。以下に実行結果を示します。右側に並んでいるのがスライダーです。

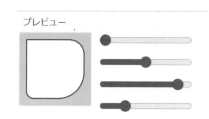

図6.3●Sliderの実行結果

スライダーはつまみ（サム）が一番左側にあるとそのスライダーの最小値、一番右側が最大値を指定したことになります。この図の場合は、一番上のスライダーのサムが一番左にあることから、このスライダーの最小値が選択されていることがわかります。

このプログラムはスライダーで rect 関数の tl、tr、br、bl 引数の値を設定するもので、これらの引数は長方形の角を丸めるときに使われます。以下に第 3 章の説明を再掲します。

---

rect(x, y, width, height, [tl], [tr], [br], [bl])

(x, y) を左上の頂点とし、幅（width）、高さ（height）の長方形を描画する。tl、tr、br、bl は、左上、右上、右下、左下の角の半径を指定する。

プログラムを以下に示します。

リスト6.4●Sliderのsketch.js

```
1  // Slider
2  let tl_slider, tr_slider, br_slider, bl_slider;  // スライダー
3
4  function setup() {
5    tl_slider = createSlider(0, 40);    // スライダーの作成
6    tl_slider.position(width + 10, 0);  // 位置の指定
```

```
 7    br_slider = createSlider(0, 40);
      …
11    bl_slider = createSlider(0, 40);
12    bl_slider.position(width + 10, 90);
13  }
14
15  function draw() {
16    let tl = tl_slider.value();        // 値の取り出し
17    let tr = tr_slider.value();
18    let br = br_slider.value();
19    let bl = bl_slider.value();
20    background(220);
21    rect(10, 10, 80, 80, tl, tr, br, bl);
22  }
```

　スライダーは createSlider 関数で作成します（5 行目）。createSlider 関数の最初の引数は、最小値、2 番目の引数は最大値です。数値はいくつでもよいのですが、この例では 0 と 40 を指定しています。これにより、スライダーのサムが一番左側にあった場合は 0、右側にあった場合の値は 40 になります。

---

createSlider(min, max, [value], [step])
　スライダーを作成する。

引数　　min、max　　スライダーの最小値と最大値
　　　　　value　　　デフォルト値
　　　　　step　　　　スライダーの移動量
戻り値　スライダーを管理するオブジェクト（p5.Element オブジェクト）

　値の取り出しは、先ほどの入力フィールドと同じ value メソッドを使います。16 行目では tl_slider が管理するスライダーから値を取り出しています。4 つのスライダーから取り出した値を tl、tr、br、bl という変数に格納し、21 行目でこれらの値を用いて長方形を描画しています。スライダーの初期値を設定したり、サムの移動量を固定幅にしたい場合は createSlider 関数の value 引数や step 引数を利用してください。

　次はドロップダウンメニューを説明します。

6.4 ドロップダウンメニュー

ドロップダウンメニューは複数個ある選択肢の中から1つを選択する場合に用いるものです。言葉ではわかりにくいのでサンプルプログラムDropDownを実行してみましょう。これは円を描画する線の幅を変更するプログラムで、メニューから線幅を選ぶことができます。実行すると、最初は太さは6になっており、下向きの「＜」をクリックするとメニューが表示されます。

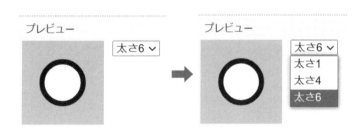

図6.4●DropDownの実行結果

どのようなものかはおわかりになったと思うのでプログラムを見てみましょう。

リスト6.5●DropDownのsketch.js

```
1  // DropDown
2  let dropdown;
3
4  function setup() {
5    let dropdown = createSelect();      // メニューを作成
6    dropdown.option("太さ1", 1);
7    dropdown.option("太さ4", 4);
8    dropdown.option("太さ6", 6);
9    dropdown.selected(6);               // 最初に選ばれている項目
10   dropdown.position(width+10, 0);     // 描画領域の横に配置
11   strokeWeight(dropdown.selected());  // 上記の太さの設定
12
13   dropdown.changed(selected);         // 選択されたらselectedが実行
14  }
15
16  function draw() {
17    background(220);
```

```
18    ellipse(width / 2, height / 2, 50, 50);
19  }
20
21  function selected() {
22    strokeWeight(dropdown.selected()); // 線の太さを変更
23  }
```

　ドロップダウンメニューは createSelect 関数で作成します。まず、5 行目で空のドロップダウンメニューを作成し、6 ～ 8 行目の option メソッドで項目を追加していきます。このメソッドは 2 つ引数をとり、最初が表示される文字列、2 つ目がその項目の持つ値です。9 行目の selected メソッドはプログラムを起動したときに、最初に選ばれている項目を指定するものです。ここで注意が必要なのは、option メソッドの第 2 引数で登録した「値」で指定することです。ここでは引数に 6 が指定されているので 8 行目で作成した「太さ 6」の項目が選択された状態になります。11 行目は選択された太さを strokeWeight 関数で設定しています。どの「値」が選択されているかは selected メソッドでわかります。

　あとはメニュー項目が選択されたら太さを変えるだけです。これは項目が選択されると値が変わるので表 6.1 の changed メソッドでコールバック関数を指定できます。ここでは、selected 関数が実行されるようにしています。selected 関数は 21 行目に定義されています。この関数では、選択された項目が持つ値を 22 行目の selected メソッドで取り出し、strokeWeight 関数にそのまま渡し設定しているだけです。

　最後に createSelect 関数の説明を示します。

---

createSelect([mult])
　ドロップダウンメニューを作成する。

引数　　mult　　true の場合複数項目の選択が可能になる
戻り値　ドロップダウンメニューを管理するオブジェクト（p5.Element オブジェクト）

　ドロップダウンメニューの固有のメソッドを以下に示します。

表6.3●ドロップダウンメニューのメソッド

メソッド名	説明
option(label, [value])	新しい項目を追加する。label は表示されるラベル、value はその値を指定する。
value()	現在選択されている項目を返す。
selected(value)	value で指定された項目を選択状態にする。

次はチェックボックスを説明します。

6.5　チェックボックス

　チェックボックスは複数個ある選択肢の中から複数を選択できるようにする場合に用います。言葉ではわかりにくいのでサンプルプログラムを見てみましょう。サンプルプログラムのCheckBoxを実行すると次のように表示されます。これは長方形を描画するプログラムで、チェックボックスでチェックされた属性（この場合は、塗りつぶしと輪郭）で長方形が描画されます。

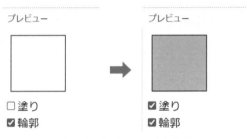

図6.5●CheckBoxの実行結果

　ご覧のように、左側は「輪郭」がチェックされているため長方形の輪郭が描画されています。加えて「塗り」のチェックボックスをクリックすると右のように長方形が塗りつぶされます。プログラムを見てみましょう。

リスト6.6●CheckBoxのsketch.js

```
1  // CheckBox
2  function setup() {
3    let cb = createCheckbox("塗り");      // チェックボックスの作成
4    cb.changed(checked);                  // チェックされたらcheckedを実行
5    cb = createCheckbox("輪郭", true);    // 最初にチェックされている
6    cb.changed(checked);                  // チェックされたらcheckedを実行
7  }
8
9  function draw() {
10   background(255);
11   rect(10, 10, 80, 80);
```

```
12  }
13
14  function checked() {
15    if (this.value() === "塗り") {
16      if (this.checked()) {
17        fill(200);                    // 灰色で塗る
18      } else { noFill(); }
19    }
20    if (this.value() === "輪郭") {
21      if (this.checked()) {
22        stroke(0);                    // 黒で描画する
23      } else { noStroke(); }
24    }
25  }
```

　チェックボックスは createCheckbox 関数で1つ1つ作成します。3行目と5行目を見てわかるようにこの関数は引数を1つとる場合と2つとる場合があります（cb 変数は後で使わないので使い回しています）。2つとる場合は、チェックボックスに表示される文字列と、それがチェックされているかどうかを指定します。3行目のように第2引数を省略するとチェックされていないチェックボックスが作成されます。

---

createCheckbox([label], [value])
　ドロップダウンメニューを作成する。

引数　　label　チェックボックスに表示するラベル
　　　　　　value　チェックボックスの値
戻り値　チェックボックスを管理するオブジェクト（p5.Element オブジェクト）

　4と6行目は、チェックボックスがクリックされた場合に実行される関数を指定しています。チェックボックスがクリックされるとそれが保持する値が変わります（例えば、チェックされているの true から、されていないの false）。このため表 6.1 で説明した changed メソッドを使用します。ここではコールバック関数に 14 行目の checked 関数が指定されています。

　checked 関数では、15 行目で value メソッドを用いてクリックされたチェックボックスの値を調べています。ここで注意が必要なのは、クリックされたチェックボックスには this というキーワードでアクセスすることです。つまり、クリックされたチェックボックスの値は this.checked() で得られるので、あとはその結果に併せて 17、22 行目で描画属性を変更しているだけ

です。

　チェックボックス固有のメソッドを以下に示します。

表6.4●チェックボックスのメソッド

メソッド名	説明
value()	現在選択されている項目を返す。
selected(value)	value で指定された項目を返す。
disable()	チェックボックス全体を無効にする。
disable(value)	value で指定された項目を無効にする。

　次は、チェックボックスに似たラジオボタンです。

6.6　ラジオボタン

　チェックボックスは同時に複数選択が可能でしたが、それを 1 つだけ選択可能にしたものがラジオボタンです。RadioButton を実行すると以下のように表示されます。

図6.6●RadioButtonの実行結果

　選択された色が描画領域に表示されます。実際に使ってみると、ラジオボタンはチェックボックスと異なり、同時に複数選択できないこともわかると思います。プログラムを以下に示します。

```
1  // RadioButton
2  let radio;                  // ラジオボタン
3
4  function setup() {
5    radio = createRadio();    // ラジオボタンを作る
```

```
6    radio.option("赤");        // ラベルを赤
7    radio.option("緑");        // ラベルを緑
8    radio.option("青");        // ラベルを青
9    radio.selected("赤");      // 赤が選択された状態
10   }
11
12   function draw() {
13     if (radio.value() === "赤") {
14       background(255, 0, 0);  // 背景を赤に
15     } else if (radio.value() === "緑") {
16       background(0, 255, 0);  // 背景を緑に
17     } else {
18       background(0, 0, 255);  // 背景を青に
19     }
20   }
```

ラジオボタンはドロップダウンメニューに似ており、ラジオボタンを束ねる入れ物を作成し（5行目）、それに option メソッドで項目を追加します。9行目はプログラムを起動したときに最初から選択されている項目を指定するものです。どのラジオボタンが選択されているかは、13行目のように value メソッドを使って radio.value() で得られます。あとは、その値に応じて、14、16、18行目で背景色を変えているだけです。

---

createRadio()
　ラジオボタンを作成する。

引数　なし
戻り値　ラジオボタンを管理するオブジェクト（p5.Element オブジェクト）

ラジオボタン固有のメソッドを次に示します。

表6.5●ラジオボタンのメソッド

メソッド名	説明
option(value, [label])	新しい項目を追加する。value だけが指定された場合は、それがラベルとして表示される。
value()	現在選択されている項目の値を返す。
selected(value)	value で指定された項目を選択状態にする。
disable(b)	引数に true を指定するとラジオボタン全体を無効にする。false で有効化する。

次はファイル選択ボタンを説明します。

6.7 ファイル選択ボタン

ファイル選択ボタンとは、以下の図 6.7 の上に示すような「ファイルを選択」というラベルの
ボタンで、クリックすると図 6.7 の下の図に示したようなファイル選択ダイアログボックスを表
示します。

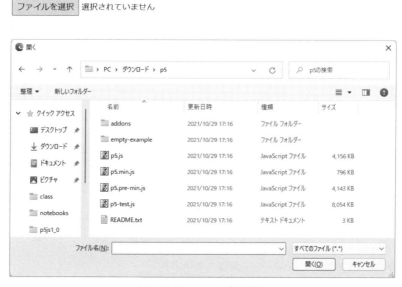

図6.7●FileInputの実行結果

ファイル選択ダイアログボックスで、ファイルを選択するとそのファイルに関する情報が得ら
れ、読み込んで表示したり、何か処理をしたりすることができます。ここでは、ダイアログボッ
クスから画像ファイルを選択するとそれを表示するプログラムを作成します。

図6.8●画像ファイルを選択した後の表示（画像はトリミングしてあります）

サンプルプログラムを以下に示します。

リスト6.7●FileInputのsketch.js

```
1  // FileInput
2  function setup() {
3    noCanvas();              // 描画領域を作成しない
4    createFileInput(getFile);  // ファイル名選択ボタンを作成する
5  }
6
7  function draw() {
8
9  }
10
11  function getFile(file) {
12    if(file.type === "image") { // 画像ファイル
13      createImg(file.data);     // 画像を表示する
14    } else {
15      print("画像ファイルを選択してください");
16    }
17  }
```

　3行目の noCanvas 関数は、描画領域を作成しないようにするためのものです。ここで使用する createImg 関数は 7.8 節で説明しますが、引数で指定された画像を「描画領域を使わずに」表示する関数です。そのため、描画領域を作成するとその分間が空いて画像が表示されてしまうからです（noCanvas() をコメントアウトしてみて実行すると空白が表示されます）。

```
noCanvas()
    描画領域を作成しない。

引数    なし
戻り値   なし
```

4行目のcreateFileInput関数でファイル選択ボタンを作成しています。引数は関数名で、こ
れは、ファイル選択ダイアログボックスでファイルを選択し、［開く(O)］ボタンを押したときに
実行されます。ここではgetFileが指定されており、この関数は11行目で定義されています。

createFileInput関数で指定した関数は、実行時に引数が1つ渡されます。この例では引数名
をfileにしてありますが、名前はなんでもかまいません。この引数に、選択されたファイルに関
する情報がp5.Fileオブジェクトの形で渡されます。これは以下のプロパティを持ちます。

表6.6●p5.Fileオブジェクトの持つプロパティ

プロパティ名	説明
data	ファイルのデータを管理するオブジェクト（テキストの場合は文字列、それ以外の場合はデータURL[※1]）
type	ファイルタイプ（"image"、"text"、"video"など）
subtype	ファイルのサブタイプ（通常は、ファイルの拡張子jpg、pngなど）
name	ファイル名
size	ファイルのサイズ

ここでは12行目で、typeプロパティを用いてファイルが画像かどうかをチェックし、画像の
場合には13行目のcreateImg関数で表示しています。

```
11  function getFile(file) {
12    if(file.type === "image") { // 画像ファイル
13      createImg(file.data);      // 画像を表示する
14    } else {
      …
```

※2　ファイルの内容を、base64エンコーディングしdata:スキームの後ろに文字列として読み
　　込んだもの。画像などを別ファイルではなく、インラインでHTMLに埋め込む場合などに
　　使われます。

ドラッグ＆ドロップ

　最後は、UI 部品ではありませんが、ファイルのドラッグ＆ドロップの処理方法を説明します。まずは、どのようなものか見てみましょう。以下に Drop の実行結果を示します。このプログラムは実行すると左上に灰色の長方形が表示されます。

図6.9●Dropの実行結果

　この領域がドロップ領域になっており、ここに画像ファイルを持って行きドロップすると以下のようにその画像が表されます。つまり、先ほどの FileInput のドラッグ＆ドロップ版です。

図6.10●ドロップされた画像が表示された様子

　このようなドロップ領域の作成は、専用の UI 部品があるわけではなく、既存のもの、ここでは「描画領域」をそのまま使います。以下にプログラムを示します。

リスト6.8●Dropのsketch.js

```
1  // Drop
2  function setup() {
3    let canvas = createCanvas(150, 50);
4    canvas.drop(getFile);     // ドロップされたらgetFile関数を実行する
5    background(220);          // わかりやすく描画領域を灰色にする
6  }
7
8  function draw() {
9
```

```
10  }
11
12  function getFile(file) {
13    if (file.type === "image") {
14      createImg(file.data);
15    } else {
      …
```

　ご覧のように、これまでのプログラムとは違い、3行目で作成した描画領域を canvas という変数にとっておき、4行目の drop メソッドでファイルがドロップされた場合に実行される関数（getFile）を設定しています。このメソッドの引数は、ドロップ時に実行される関数名です。

　12行目の getFile 関数が行っていることは、先ほどの FileInput プログラムと同じです。引数も同じで、ドロップされたファイルに関する情報が渡されてきます。

　以上で、UI部品の説明はおしまいです。

6.9　無名関数

　さて、最後にUI部品のコールバック関数とよく一緒に使われる無名関数について説明しましょう。本来であれば第2章で説明すべきものでしたが、コールバック関数でよく使われるのでここで説明します。本章の最初で次のようなプログラム（リスト6.1）を説明しました。これはボタンをクリックすると描画領域に「押された！」と表示するものです。

リスト6.9●Buttonのsketch.js（リスト6.1の再掲）

```
1  // Button
2  function setup() {
3    let button = createButton("押して"); // ボタンの作成
4    button.mousePressed(clicked);         // クリックされたらclickedを実行
5  }
   …
11  function clicked() {
12    text("押された !", 10, 50);
13  }
```

これは 4 行目の mousePressed メソッドで指定された関数 clicked が、ボタンが押されたときに実行され、その中で 12 行目の text 関数が実行されるため文字が表示されます。

しかし、ボタンが押されたときにしたいことは 12 行目だけです。12 行目だけを実行するためだけに関数名を決めて 11 行目で関数を定義し、その関数名を 4 行目の mouseClicked 関数の引数に書く、というのはちょっと面倒です。こういうときに便利なのが「無名関数」です。まず、上の例を無名関数で書き直してみましょう。

リスト6.10●Buttonのsketch.js（無名関数版）

```
1  // Button
2  function setup() {
3    let button = createButton("押して"); // ボタンの作成
4    button.mousePressed(
5      function() { // 無名関数
6        text("押された !", 10, 50);
7      } );
8  }
9
10 function draw() {
11
12 }
```

ご覧のように、リスト 6.9 の 11 ～ 13 行目で定義されていた clicked 関数と同じようなものが 5 ～ 7 行目に書かれています。よく見ると、関数名 clicked が省略されていることがわかります。

function というキーワードは 2.12 節で説明したように関数を定義するためのものです。これは面白い機能を持っており、function() というように、関数名を省略して用いると名前のない関数（無名関数）を定義することができます。無名関数は、文字通り名前がないので、定義しただけでは使えず変数に代入するか、このサンプルプログラムの例のようにコールバック関数などに直接設定する必要があります。これを簡単な例で説明しましょう。例えば、次のように fuction() を用いて無名関数を作成し、変数に代入してみます。

```
let thanks = function () { print("ありがとうさぎ"); }
```

このようにすると、次のようにして実行できます。

```
thanks(); // 「ありがとうさぎ」と表示される
```

　つまり、関数名を指定して関数を定義するのは、無名関数をその関数名と同じ変数に代入しているのと同じことなのです。このような無名関数を使うと、いちいち関数名を考える必要がなく、（場合によっては）関数にデータを渡すためにグローバル変数を用意しなくて済むというメリットもあります。さらに、コールバック関数を設定している場所（4行目）のすぐそばにその関数の処理を書くことができるので、処理の内容がすぐ確認できるというメリットもあり、さまざまなところで使われています。

　また、この例は次のように1行で書いてしまうこともできます。こうするとかなりすっきりすることがわかります。

```
1  // Button
2  function setup() {
3    let button = createButton("押して"); // ボタンの作成
4    button.mousePressed( function() { text("押された !", 10, 50); } );
5  }
   ...
```

このような無名関数には矢印を用いた簡易な書き方（アロー関数）があります。

```
() => { text("押された !", 10, 50); }
```

　function という語を削除し、引数と本体の開始中括弧の間に矢印（=>）を配置するだけです。どちらでもわかりやすい方を使ってください。

6.10　まとめ

　本章では、p5.js が提供している UI 部品について説明しました。p5.js の UI 部品は、ボタンやスライダー、入力フィールドなど基本的なものしか提供されていませんが、ユーザとのちょっとしたインタラクションを扱うアプリケーションを作成するには便利です。また、本章では説明しませんでしたが、CSS でスタイルを指定できるので見た目を変更することもできます。それでは次章では本章で使用した画像を扱う方法を説明しましょう。

第7章

画像を扱う

　本章では、p5.js で画像を扱う方法について説明します。「画像」とはデジカメやスマートフォンで撮影したものやコンピュータで作成した CG（コンピュータグラフィックス）などを指します。これらの画像は紙に印刷したものや、現像した写真（ほとんど見ることがないかもしれません）など、それ以外の画像と区別するために「デジタル画像」と呼ばれる場合もあります。現在、ほとんどの画像がデジタル画像なので、本書では単に「画像」と呼ぶことにします。

　本章では、画像ファイルの読み込み、表示方法、アニメーション方法、フィルタ処理する方法、画像処理の基礎である画像のピクセルを変更する方法を扱います。まずは、画像を読み込んで表示するプログラムを作成してみましょう。

7.1 画像をアップロードする

　本章で作成するプログラムでは画像ファイルを扱います。使用する画像ファイルはデジカメやスマートフォンで撮影したもの、ネットワークからダウンロードしたものでもかまいません。p5.js Web エディタでこのような画像を扱うプログラムを作成する場合は、画像ファイルをエディタにアップロードする必要があります。他のエディタを使われている方は、画像を index.html と同じフォルダに置いておいてください。

　以下では、p5.js Web エディタで画像ファイルなどのファイルをアップロード方法を説明します。

この操作は、画像以外にも、これから説明する動画ファイル、サウンドファイルをアップロードする場合も同じです。

（1）sketch.js の左に表示されている「＞」にマウスポインタを持って行くと以下のように色が変わるので、それをクリックします。

（2）そうすると左側に使用しているファイルが表示されます。

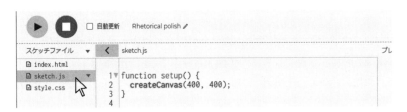

（3）「スケッチファイル」という表示の横の▼をクリックすると以下のようにメニューが表示されます。最後の「ファイルのアップロード」をクリックします。

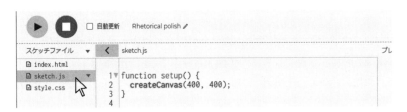

（4）「アップロードファイル」ウインドウが表示されるので、そこにファイルをドロップしてください。ここでは sky.png をアップロードしています。

（5）アップロードが終わると、左側のファイルのリストにファイル（sky.png）が追加されます。これでこのファイルがプログラムで使用できるようになります。

必要なければ「＜」をクリックして表示をもとに戻してください。

まずは、本書のサンプルプログラムに含まれる図 7.1 の sky.png を読み込み、表示するプログラムを作ってみましょう。画像の左上の赤い（紙面では灰色）三角形は画像の一部です。これは、あとで使うので気にしないでください。きれいな夏空と海の写真であることがわかります。

図7.1●使用する画像ファイル（sky.png）

画像ファイルの読み込みと表示は、3 つのステップでできます。

（1）読み込んだ画像を管理する変数 img を用意する
（2）loadImage 関数を使って画像を読み込み、img 変数に格納する
（3）image 関数で画像を表示する

以下に、サンプルプログラムを示します。

リスト7.1●ShowImageのsketch.js

```
1  // ShowImage
2  let img;                          // (1) 読み込んだ画像を管理する変数
3
4  function preload() {
5    img = loadImage("sky.png");     // (2) 画像の読み込み
6  }
7
```

```
 8  function setup() {
 9    createCanvas(img.width, img.height); // 画像と同じサイズの描画領域を用意する
10    image(img, 0, 0);                    // (3) 画像を表示
11  }
12
13  function draw() {
14
15  }
```

　2 行目の img は読み込んだ画像を管理する変数です。これは画像を読み込む処理と表示する処理を別の関数で行うためグローバル変数にしてあります。4 行目の preload 関数では画像を読み込む処理をしています。「前」を表す pre がついているように画像ファイルなどを「事前」に読み込んでおく（load）場合に使用します。まずは画像を読み込む関数から説明します。

　画像ファイルの読み込みは loadImage 関数で行います。引数は画像ファイル名で、GIF、JPG、PNG などを読み込むことができます。

---

loadImage(path, [successCallback], [failureCallback])

　画像ファイルを読み込む。この関数は、preload 関数外で実行すると、画像が読み込み終わる前に戻り値を返すことがある。この場合は、successCallback、failureCallback を利用する。

引数	path	画像のパス名
	successCallback	画像が読み込み終わると実行される。引数に p5.Image オブジェクトが渡される
	failureCallback	画像の読み込みが失敗したときに実行される。引数に Error オブジェクトが渡される
戻り値	画像を管理するオブジェクト（p5.Image オブジェクト）	

---

　index.html と同じ場所に assets や data フォルダなどフォルダを作成し、そこに画像を置いた場合、path には、assets/sky.png のように指定してください。戻り値は、読み込んだ画像の情報が格納された p5.Image オブジェクトです。

　この loadImage 関数は、説明にもありますが、画像の読み込みが終わる前に関数が終了し戻り値を返す場合があります。これは、ブラウザに画像の読み込みを依頼しているためです。例えば、読み込みに時間がかかる（大きな画像を読み込むなど）場合などにブラウザがその処理を裏で行うようにし、関数を終了させ、他の処理を優先させることがあります。この裏で行っている処理が終わると、読み込んだ画像が使えるようになります。

一方、このプログラムのように画像を読み込み終わってから処理を行いたい場合があります。そのような用途に対応するために、preload 関数が提供されています。この関数に画像の読み込み処理を書いておくと、ファイルが読み込み終わった後に setup 関数が実行されるようになります。以下に preload 関数の説明を示します。

---

preload()

setup 関数の前に実行され、ファイルの読み込み処理に用いられる。この関数が定義されていると、setup 関数は preload 関数内のすべての読み込みが終了するまで実行されない。基本的には、読み込み処理以外の処理は書かない。

引数 なし
戻り値 なし

---

loadImage 関数が返す p5.Image オブジェクトは次のようなメソッドとプロパティを持っています。なお、表中のピクセルなどの用語は 7.3 節で説明していきます。

表7.1●p5.Imageの持つメソッド

メソッド名	説明
loadPixels()	画像のピクセルデータを pixels 配列（表 7.2）に読み込む。
updatePixels()	pixels 配列の内容を表示用のバッファに描き込む。
get([x],[y])	x、y で指定した位置のピクセルを取り出す。x、y が指定されない場合は全ピクセルが取り出される。画像内の座標（左上のピクセルは (0, 0)、右下は (画像の幅 − 1, 画像の高さ − 1))。戻り値は、赤（r）、緑（g）、青（b）、透明度（a）からなる配列 [r, g, b, a]。
set(x, y, color)	x、y で指定した位置のピクセル値に color を設定する。
resize(w, h)	画像の幅を w、高さを h にリサイズする。
filter(name, [param])	name で指定したフィルタを適用する（7.2.2 節参照）。param はフィルタで使用するパラメータ。
save(file, ext)	file 名で指定されたファイルに拡張子 ext の形式（"png" や "jpg"）で保存する。

表7.2●p5.Imageオブジェクトの持つプロパティ

プロパティ名	説明
pixels[]	画像内のすべてのピクセル値を RGBA の順番に格納した配列
width	画像の幅
height	画像の高さ

最初のプロパティ pixels 配列は画像を構成するデータを格納するためのもので 1 次元配列です。7.7.2 節で説明しますが、この配列は最初は空で、loadPixels メソッドを実行してはじめて設定さ

れるので注意してください。

　プログラムの説明に戻ります。画像の読み込みが終わると 8 行目の setup 関数が実行されます。9 行目は読み込んだ画像を表示する描画領域の作成です。ここでは、画像と同じサイズになるように、読み込んだ画像の幅と高さを指定しています。画像の幅、高さは、width、height プロパティ（img.width、img.height）で得ることができます。

```
 8  function setup() {
 9    createCanvas(img.width, img.height); // 画像と同じサイズのcanvasを用意する
10    image(img, 0, 0);                     // (4) 画像を表示
11  }
```

　後は、画像を表示するだけです。画像の表示は image 関数で行います。この関数は、引数を 5 つ取りますが最後の 2 つは省略可能です。第 1 引数は読み込んだ画像、第 2、第 3 引数は画像を表示する座標です。

---

image(img, x, y, [width], [height])
　img に読み込んだ画像の左上を x、y として画像を表示する。width、height が指定されるとそのサイズにリサイズする。

引数　　img　　　読み込んだ画像（p5.Image オブジェクト）
　　　　　x、y　　　画像を表示する場所の左上の座標
　　　　　width、height 画像の幅、高さ
戻り値　なし

　今回のプログラムは、画像と同じ大きさの描画領域に描画しているので image 関数の引数 x、y 座標を 0 にしています。0 以外にすると描画領域からはみ出してしまいます。これまでの図形の描画と同様に、はみ出した部分は画像が表示されないことに注意してください。また、width、height に画像のサイズ以外の値を指定することで画像の拡大・縮小が行えます。例えば、幅と高さの 2 倍の値を指定すると画像を 2 倍の大きさに拡大することができます。

　では、次は、画像をアニメーションで移動させてみましょう。

7.2.1 画像をアニメーションで動かす

　読み込んだ画像が左上から右下に動いていくプログラムを作成してみましょう。実行すると以下のようにアニメーションします。

プレビュー

図7.2●MovingImageの実行結果

以下に、プログラムを示します。

リスト7.2●MovingImageのsketch.js

```
1  // MovingImage
2  let img;           // 読み込んだ画像を管理する変数
3  let x = 0, y = 0;  // 画像の描画位置
4
5  function preload() {
6    img = loadImage("sky.png");
7  }
8
9  function setup() {
10   createCanvas(img.width * 2, img.height * 2);
11 }
12
13 function draw() {
14   background(255);  // (1) 描画領域をクリアする
15   image(img, x, y); // (2) 画像を表示する
```

```
16    x++;              // (3) 画像の表示位置を変更する
17    y++;
18  }
```

　3行目のx、yは、画像を描画する左上の座標を管理する変数です。10行目で描画領域の大きさを画像の大きさの倍にしています。画像と同じ大きさだとすぐに描画領域外に出てしまうので広くしてあります。あとは位置を変えながら画像を描画するだけです。これは、第2章で説明した四角形を動かすプログラムと同じで、次の3つの処理からなります。(1) 前に表示した画像を消す（14行目）、(2) 画像を描画する（15行目）、(3) 画像を描画する位置を変更する（16、17行目）、です。

　画像の表示、移動方法の説明は以上です。写真ビューアや画像でできたゲームのキャラクターを扱う程度であれば、これくらいで十分でしょう。次は読み込んだ画像にいろいろな処理（エフェクト）を施す方法を説明します。これは画像にフィルタをかけることで行います。

7.2.2　画像にフィルタをかける

　p5.jsでは読み込んだ画像（p5.Imageオブジェクト）のfilterメソッドを用いて画像にフィルタをかけることができます（表7.1）。以下に、図7.1の画像にフィルタ処理を施した結果を示します。画像の下に書いてあるのは処理名です。これをfilterメソッドの第1引数に指定します。印刷だと違いがよくわからないかもしれません。その場合は、後で説明するFilterImageを実行してみてください。

INVERT（色の反転）

THRESHOLD（2値化）

GRAY（グレースケール化）

BLUR（平滑化）

DILATE（膨張）

ERODE（収縮）

POSTERIZE（階調変換）

図7.3●p5.jsが提供するフィルタ処理

　このようなフィルタ処理を試すプログラムが FilterImage です。これは、filter メソッドが提供する、色の反転（INVERT）、2値化（THRESHOLD）、グレースケール化（GRAY）、平滑化（BLUR）、膨張（DILATE）、収縮（ERODE）、階調変換（POSTERIZE）を行うプログラムで、それぞれの処理の頭文字のキー（例えば、INVERT の場合は i）を押すことで対応するフィルタを画像に適用してくれます。FilterImage の sketch.js を以下に示します。

リスト7.3●FilterImageのsketch.js

```
1  // FilterImage
2  let img;                      // 画像を管理する変数
3  let copy;                     // imgをコピーした画像
4
5  function preload(){
6    img = loadImage("sky.png"); // 画像の読み込み
7  }
8
9  function setup(){
10   createCanvas(img.width, img.height);
11   copy = img.get();           // 元の画像を壊さないようにコピーする
12 }
13
14 function draw() {
15   image(copy, 0, 0);          // 画像を表示
16 }
17
18 function keyTyped() {
19   copy = img.get();           // 元の画像をコピーする
20   // キーに合わせてフィルタ処理する
21   if (key === "i") { copy.filter(INVERT); }            // 色の反転
22   else if (key === "t") { copy.filter(THRESHOLD, 0.5); } // 2値化
23   else if (key === "g") { copy.filter(GRAY); }         // グレースケール化
24   else if (key === "b") { copy.filter(BLUR, 3); }      // 平滑化
25   else if (key === "d") { copy.filter(DILATE); }       // 膨張
26   else if (key === "e") { copy.filter(ERODE); }        // 収縮
27   else if (key === "p") { copy.filter(POSTERIZE, 3); } // 階調変換
28 }
```

　ちょっと長いですが、やっていることは単純です。2行目の img は、読み込んだ画像を管理する変数です。3行目の copy は img のコピーを保持するものです。filter メソッドで img をフィルタ処理すると img に格納された画像がフィルタ処理されてしまうので、いろいろなフィルタが試せるようにコピーしたものをフィルタ処理して元の画像はとっておくことにします。6行目で画像を読み込み、11行目で copy 変数にコピーしています。コピーには、p5.Image オブジェクトの get メソッドを用いると簡単です。get メソッドは次の節で説明しますが、引数に何も指定しないと画像を全部取り出してくれます。14行目の draw 関数で copy 画像を表示しています。こうする

ことで、copy 変数に格納された画像をフィルタ処理すれば draw 関数ですぐに表示されるようになります。

　実際のフィルタ処理はキーが押されると実行される 18 行目の keyTyped 関数で行われます。19 行目でまず元画像を copy 変数にコピーします（すでにフィルタ処理が行われて copy の内容が変更されている場合があるからです[1]）。その後、21 行目からの if 文で、入力されたキーに応じて対応するフィルタ処理を copy に対して行っています。ここで THRESHOLD の 0.5 は 2 値化のしきい値（0.0 ～ 1.0、0.0 は黒、1.0 は白）を表し、BLUR の 3 は平滑化の範囲（大きいほど大きくぼける）を表します。POSTERIZE は、画像の RGB をパラメータで指定した色数に制限します。パラメータには 2 ～ 255 の値を設定できますが、低い値のときにより効果が現れます。

　以上で、p5.js での基本的な画像の扱い方の説明はおしまいです。次の節では、このようなフィルタ処理がどのように実現されているかがわかるように、filter メソッドを用いずに画像を変更する方法について説明します。これは一般に画像処理と言われる技術です。まず、画像処理に必要な基礎知識について説明します。

7.3 ピクセルって何？

　filter 関数が行っているように画像を処理するには何がわかればよいのでしょうか。画像が何から、どのようにできているかがわかれば処理することができます。

7.3.1 画像は何からできているか？

　Windows に付属するグラフィックスソフトウェア「ペイント」を使うと、画像が何からできているかが簡単に確認できます。どの画像でもよいのですが、ここでは先ほど使った sky.png を用います。このファイルを右クリックし、[プログラムから開く (H)] → [ペイント]を選択すると、図 7.4 のようなウィンドウに画像が表示されます。

※ 1　この行をコメントアウトしてみると、処理した結果に更に処理を加えることができます（グレースケール化→ Dilate → Dilate…など）。こうすると Dilate、Erode の行っていることが直感的にわかります。

図7.4●ペイントでsky.pngを表示した例

　以下に示すように、このウィンドウの左側の上の方に赤い破線で囲まれた虫眼鏡の形をしたアイコンがあります。これは画像を拡大するツールです。これをクリックして選択し、表示されている画像の中の好きな場所をクリックしてみてください。クリックするたびに、画像が拡大されていきます。どんどん拡大していくと、図7.5のような感じになります。これは椰子の木と雲の部分ですが、それぞれ色のついた四角形から構成されていることがわかります。

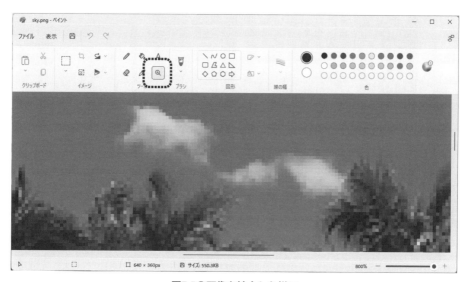

図7.5●画像を拡大した様子

　このような画像を構成する1つ1つの色のついた四角形のことを「ピクセル」(pixel)と呼びます。これは、picture element の略で、日本語では「画素」といいます。画像は、このような色のついた小さな四角形で構成され、それぞれの色を変えることで「絵」を作り出しているのです。それでは、このピクセルの「色」を調べてみましょう。

7.3.2　ピクセルの色を調べる

　ピクセルの色は、虫眼鏡ツールの左横にあるスポイトツールで調べることができます。使い方は簡単で、スポイトツールを選択し、画像上の好きな場所をクリックしてみてください。これでクリックしたピクセルの色を「吸い取る」ことができます。

　次に、右側の破線内の円のカラーチャート（マウスを近づけると「色の編集」と表示される）をクリックします。そうすると先ほど、スポイトで吸い取った色の情報が「色の編集」ウィンドウに表示されます（図7.6）。この例は、空の部分を吸い取ったものです。

図7.6●色の編集ウィンドウ

　タイトルに「色の編集」と書かれたウィンドウの右下に「色 | 純色 (O)」というラベルがあります。その上に、今スポイトで吸い取ったピクセルの色が表示され、その右側に「赤 (R): 83」、「緑 (G): 154」、「青 (B): 218」と表示されていることがわかります。これは、このピクセルの色が、この3つの色を混合して作られていることを示しています。数値はそれぞれの色の光の「強さ (強度)」

を表しています。

　これらの3つの色は光の三原色と言われているものです。人間の目にはこのような3つの光の強さを感じる細胞（視細胞）がたくさんあり、3色のそれぞれの光の強さを信号に変換し脳に送ることで色を知覚しています。スマートフォンやコンピュータのディスプレイはこの性質を利用して、赤と緑と青の光を出すたくさんの素子から構成され画像を表示しています。

▌**7.3.3　コンピュータで色をどう表現するか？**

　さて、「人間の目の特性」から、「色が赤、緑、青の3つで表せる」ことがわかりました。今度は、これをコンピュータで扱う方法を考えてみましょう。3色で表されるということは、コンピュータもこれらの色に関する同様の情報を持てばよいことになります。

　コンピュータは0と1の2つの数値を用いて動いており、これが1つの単位（「ビット」）になっています。例えば、13という（10進）数は0と1の2進数で表すと1101となり4つのビット、すなわち、4ビットで表すことができます。では、赤、緑、青は、それぞれ何ビットで表されているのでしょうか。多くの場合、コンピュータが扱いやすい「8ビット」で赤、青、緑の色が表されています（図7.7）。

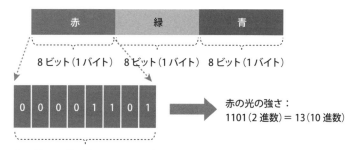

図7.7●赤、緑、青は8ビットで表されている

　図7.7の場合、赤の8ビットが1101（2進数）になっているので、赤の値は10進数で13になります。この値のことを光の「強さ」、強度、輝度と呼び、この場合、赤の光の強さが13ということになります。光の強さは8ビットで表されているので、10進数で0（2進数で00000000）から255（2進数で11111111）までの範囲をとることができます。つまり、強さは256段階あり、上図の場合、赤の強さが256段階中の13なのでだいぶ暗い赤であることがわかります。

　ここで図7.6を思い出してください。右側の「赤(R):」、「緑(G):」、「青(B):」の横に数字が表示されています。これらは、赤、緑、青の強さの値を10進数で表示したものです。これらの値をキーボードで変更してみるとわかりますが、これらの値は0〜255の間の値しかとりません。3

色とも数値を指定する必要があるので、例えば、赤という色は、赤の強さが255、緑が0、青が0となります（すなわち、赤だけが発光している状態）。

さて、以上で画像に関する基礎的な説明はおしまいです。次は、実際にこのようなピクセルをプログラムでどのように扱うかを見ていきます。まずは、画像を構成するピクセルの色を調べてみましょう。先ほどは、ペイントというソフトウェアを使ってピクセルの値を調べましたが、これをプログラムでやってみます。

7.4 ピクセルを取り出し、色を調べる

画像の左上端にあるピクセルのRGB値を取り出し、表示させてみましょう。画像はさきほどの図7.1のsky.pngを用います。この画像の左上が赤く三角形で塗りつぶされていたことを思い出してください。赤くなっていたのはこのためです。

7.4.1 ピクセル値を取り出す

サンプルプログラムのShowPixelを実行すると以下のようにコンソールに数値表示されます。ブラウザで起動している場合は、ブラウザのコンソールに表示されます。

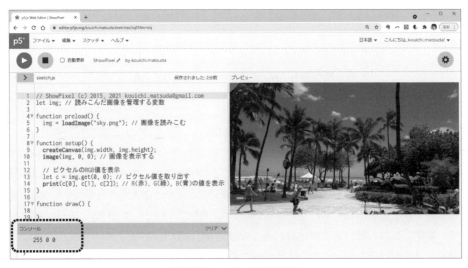

図7.8●ShowPixelの実行結果

「255 0 0」と表示されています。これは先ほど説明した赤の RGB 値です。サンプルプログラムを見てみましょう。ShowPixel の sketch.js を以下に示します。

リスト7.4●ShowPixelのsketch.js

```
 1  // ShowPixel
 2  let img;                        // 読み込んだ画像を管理する変数
 3
 4  function preload() {
 5    img = loadImage('sky.png'); // 画像を読み込む
 6  }
 7
 8  function setup() {
 9    createCanvas(img.width, img.height);
10    image(img, 0, 0);            // 画像を表示する
11
12    // ピクセルのRGB値を表示
13    let c = img.get(0, 0);       // ピクセル値を取り出す
14    print(c[0], c[1], c[2]);     // R(赤), G(緑), B(青)の値を表示
15  }
16
17  function draw () {
      ...
```

7.2 節の ShowImage の sketch.js と異なるのは太字で示した部分（13 〜 14 行目）です。読み込んだ画像のピクセル値を取り出しているのが 13 行目です。7.2.2 節の FilterImage では引数なしで get メソッドを使っていましたが、ここでは引数を指定することで、指定した場所のピクセルの値を取り出しています。取り出されたピクセル値は 13 行目で変数 c に代入されています。先ほど説明したようにピクセルは RGBA から成るのでこの変数 c は要素数 4 の配列になります。ここではその中の 3 つまでを使用しています。

---

get(x, y)
　読み込んだ画像の x、y の場所にあるピクセルの値を取り出す。

引数　　x、y　　画像内の座標（左上のピクセルは (0,0)、右下は (画像の幅 − 1, 画像の高さ − 1)）
戻り値　赤（r）、緑（g）、青（b）、透明度（a）からなる配列。[r, g, b, a]

　ここで注意が必要なのは引数で指定するピクセルの位置（座標）です。これは左上隅のピクセルから順に次のように座標が決まっています。

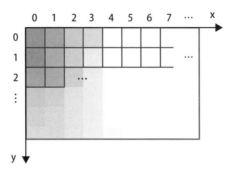

図7.9●ピクセルの座標

　ご覧のように、左上のピクセルの座標 (x, y) は (0, 0) となり、右下の座標が (画像の幅 – 1, 画像の高さ – 1) となります（座標は 0 から始まるので実際の幅、高さより 1 少なくなります）。これは、次の節で説明する set メソッドも同様です。

　14 行目は、c に取り出したピクセル値から赤の値、緑の値、青の値を取り出しコンソールに表示しています。実際には、この配列はピクセルの RGBA 値が [255, 0, 0, 255] という形で格納されており、ここでは RGB だけを取り出しています。

　c[0] が赤、c[1] が緑、c[2] が青というのはわかりにくいかもしれません。これは以下のように red、green、blue という関数で取り出すこともできます。

```
let c = img.get(0, 0);          // ピクセル値を取り出す
print(red(c), green(c), blue(c)); // R(赤)、G(緑)、B(青)の値を表示
```

　次は、これをもとにマウスでクリックした場所のピクセルの値を調べるプログラムを作成してみましょう。これは第 4 章で説明した mouseClicked 関数を使うと簡単にできます。

7.4.2 クリックしたピクセルの値を表示する

以下にプログラムを示します。さきほどの ShowPixel と同じ部分は省略してあります。

リスト7.5●ClickedPixelのスケッチ

```
 1  // ClickedPixel
    ...
 8  function setup() {
 9    createCanvas(img.width, img.height);
10    image(img, 0, 0);
11  }
12
13  function draw() {
14
15  }
16
17  function mouseClicked() {
18    let c = img.get(mouseX, mouseY);   // ピクセル値を取り出す
19    print(red(c), green(c), blue(c)); // R(赤)、G(緑)、B(青)の値を表示
20  }
```

　ご覧のように、setup 関数で行っていたピクセル値を調べる処理が 17 行目の mouseClicked 関数の中に移動しただけです。第 4 章で説明したように mouseClicked はマウスボタンが押されると実行されるシステム関数です。この関数の中で実行されている 18 行目の get メソッドの引数が、マウスでクリックした場所を表すシステム変数 mouseX、mouseY になっています。これで好きな場所のピクセルの値を調べることができます。

　さて、これで画像を構成するピクセルの色を調べる方法がわかりました。今度はこの値を変更して、画像の色を変更してみましょう。

7.5 ピクセルの色を変える

　先ほどは get メソッドで画像のピクセルの値を取り出しました。変更する場合は set メソッドを用います。

`set(x, y, color)`
　読み込んだ画像の x、y の場所にあるピクセルの値を変更する。

引数　　x、y　　画像内の座標
　　　　　color　　color 関数で作成した色
戻り値　なし

　この関数を用いると、x、y の場所にあるピクセルの値を引数で指定した色の値に設定し、ピクセルの色を変えることができます。やってみましょう。

　ここでは、読み込んだ画像の「左上端から縦に 10 ピクセル、横に幅一杯のピクセルの色を青に変更する」プログラムを作成してみます。ピクセルを変更しただけではわからないので変更した画像を表示しています。まずは、OverridePixels の実行結果を見てください。

図7.10●OverridePixelsの実行結果

　ご覧のように、画像の上から 10 ピクセルの部分が横一杯に青色に変わっています。サンプルプログラムは以下です。前のプログラムからの変更点（11 ～ 16、18 行目）を太字で示します。

リスト7.6●OverridePixels.js

```
 1  // OverridePixel.js
    ...
 8  function setup() {
 9    createCanvas(img.width, img.height);
10
11    let c = color(0, 0, 255);      // 青色を作成する
```

```
12    for(let y = 0; y < 10; y++) { // 変更する領域の座標をfor文で生成
13      for (let x = 0; x < img.width; x++) {
14        img.set(x, y, c);          // 色を変更
15      }
16    }
17
18    img.updatePixels();            // 変更したピクセル値を描画に反映
19    image(img, 0, 0);
20  }
21
22  function draw() {
    …
```

　11 行目は、変更後の色である青の色を color 関数で作成しています。その後の 12 ～ 16 行目の for 文は画像のピクセル値を書き替えている部分です。左上から縦に 10 ピクセル分の横幅一杯の領域を青色に変更するので、12 と 13 行目で 2 つ for 文を用いています（2.11.4 節参照）。12 行目の for 文は、画像を縦に 10 ピクセルの処理するため、13 行目の for 文は、画像を横幅分処理するためのものです。この 2 つの for 文を組み合わせることで、対象領域の座標が x と y に生成されます（わかりにくい場合は、14 行目で print(x, y); などとして確認してみてください）。

　あとは、この x と y を用いて対応する座標にあるピクセルの値を set メソッドで書き替えていけばよいのです。11 行目で作成した青色を 14 行目で各ピクセルに設定しています。これで図7.10 のようにピクセルの値を書き換えることができます。画像内のある領域を操作する場合は、このように 2 つの for 文で行うことがよくあります。

　これで、すべて青で書き換えるだけで済めばめでたしですが、for 文の処理が終わったあと単に image 関数で表示するだけでは変更は反映されません。これは、set メソッドが書き換えているのは p5.js が内部的なバッファに持っている画像データだけだからです。これを描画に反映させるためには image（p5.Image オブジェクト）の updatePixels メソッドを実行します。これを行っているのが 18 行目です。

　get や set メソッドはピクセルの座標を指定して処理できるのでわかりやすいのですが、ピクセルを 1 つずつメソッドで取り出すので速度は速くありません。高速に行うには表 7.2 の pixels 配列の内容を直接操作する必要があります。これは、本章の最後の方の 7.7.2 節で説明します。

7.6 ピクセルの色に応じて色を変える

前の節では、読み込んだ画像の内容とは関係なくピクセルの色を変更していました。今度は、読み込んだ画像の色に応じてピクセルの色を変更してみましょう。これはピクセルの色を if 文で調べながら行うだけで実現できます。ここでは、前の節で変更した部分、すなわち、読み込んだ画像の「左上端から縦に 10 ピクセル、横に幅一杯の部分にあるピクセル」の中で赤い色のピクセルの部分を緑に、それ以外の部分を青に変更するプログラムを作ってみることにします。以下にModifiedPixels の実行結果を示します。

図7.11●ModifiedPixelsの実行結果

ご覧のように、ちょうど赤い三角形と重なる部分が緑、それ以外が青になっています。このプログラムを以下に示します。前のプログラムからの変更部分は太字で示してあります。

リスト7.7●ModifiedPixelsのsketch.js

```
 1  // ModifiedPixels
    …
 8  function setup() {
 9    createCanvas(img.width, img.height);
10
11    for(let y = 0; y < 10; y++) {
12      for(let x = 0; x < img.width; x++) {
13        let c = img.get(x, y);          // ピクセル値を取り出す
14        if(red(c) === 255 && green(c) === 0 && blue(c) === 0) {
                                          // 既存のピクセルをチェック
15          img.set(x, y, color(0, 255, 0)); // 緑に変更
16        } else {
17          img.set(x, y, color(0, 0, 255)); // 青に変更
18        }
```

```
19    }
20   }
21   img.updatePixels();
22   image(img, 0, 0); // 画像を表示
23 }
```

14行目のif文で既存のピクセルの色が赤かどうかを調べています。この条件文が成り立つ場合に、ピクセルの色を緑に（15行目）、成り立たない場合には青に（17行目）しています。こうすることで画像の元の色に合わせて、画像の色を変更することができます。

以上でピクセル値を読み込み、変更するという一通りの説明は終わりです。では、7.2.2節で説明したフィルタ処理のうちの色の反転処理を、filterメソッドを用いずにやってみましょう。

7.7 画像の色を反転する

画像の色を反転するとはどのような処理なのでしょうか。これは、単純に言うと「白を黒にする」、「黒を白にする」処理です。このような処理をピクセルのRGB値で考えてみましょう。黒のRGB値は、Rが「0」、Gが「0」、Bが「0」となります。これを $(0, 0, 0)$ と書くことにします。一方、白のRGB値は、同じ書き方をすると $(255, 255, 255)$ となります。

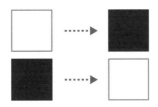

図7.12●色の反転処理

この書き方を用いると「白を黒にする」処理は「$(255, 255, 255)$ を $(0, 0, 0)$ にする」処理、「黒を白にする」処理は「$(0, 0, 0)$ を $(255, 255, 255)$ にする」処理と書けます。このままではコンピュータで扱えないので式に直します。ピクセルのRGB値を、変数r、g、bで表すと次のような式になります。

r = 255 - r;

g = 255 - g;　　式 7.1

b = 255 - b;

このような式の処理が「色の反転処理」になります。この式を用いて白と黒以外の色を反転してみましょう。例えば、青の RGB 値は (0, 0, 255) です。上の式から反転後の値は (255, 255, 0) となり、これは黄色です。では、赤はどうでしょうか。赤の RGB 値は (255, 0, 0) なので、反転すると (0, 255, 255) になります。これは、シアン色（青緑に近い鮮やかな水色）です。

式がわかれば後は簡単です。この式をそのままプログラムするだけです。まずは、色の反転がわかりやすいように、画像の一部の色を反転することにしてみます。画像の「左上端から縦に 10 ピクセル、横幅一杯のピクセルの色を反転表示する」プログラムを作成してみます。以下に実行結果を示します（色が反転された部分を含む画像の上の部分を表示しています）。

図7.13●InvertPixelsの実行結果

左上の赤い三角形の一部がさきほど説明したシアン色に変わっています。このことから、きちんと色が反転処理されていることがわかります。では、実際のプログラムを見ていきましょう。

画像の色の反転処理を行うサンプルプログラムを以下に示します。先ほどの式 7.1 をそのままプログラムに直しただけです。

リスト7.8●InvertPixelsのsketch.js

```
 1  // InvertPixels
    ...
 8  function setup(){
 9    createCanvas(img.width, img.height);
10
11    for(let y = 0; y < 10; y++) {
12      for(let x = 0; x < img.width; x++) {
13        let c = img.get(x, y);        // ピクセル値を取り出す
14        let r = 255 - red(c);         // ピクセル値の赤を反転する
15        let g = 255 - green(c);       // ピクセル値の緑を反転する
16        let b = 255 - blue(c);        // ピクセル値の青を反転する
```

```
17
18       img.set(x, y, color(r,g,b));   // 反転した色を設定する
19     }
20   }
21   img.updatePixels();
22   image(img, 0, 0);                   // 画像を表示
23 }
24
25 function draw() {
     ...
```

やっていることは基本的に前の節の ModifiedPixels と同じで、異なるのは、for 文の中の処理だけです。13 〜 18 行目を見てみましょう。ここでは、色を反転するために、式 7.1 を用いて 14 〜 16 行目で 255 から各ピクセルの RGB 値を引いた値を計算し、結果として得られた RGB 値を 18 行目で color 関数で色に直し、元のピクセルを書き換えています。これで色の反転が実現できました。

では、今度は、この処理を画像全体に適用して画像全体の色を反転表示してみましょう。

7.7.1 画像全体の色を反転する

画像全体を処理するのは簡単です。前のプログラムで縦に 10 ピクセル処理するのに、6 行目の for 文の条件判定を y < 10 としていました（11 行目）。画像全体を処理するには、これを画像の高さ分（img.height）にすればよいのです。

リスト7.9●InvertAllのsketch.js

```
1 // InvertAll
  ...
8 function setup(){
9   createCanvas(img.width, img.height);
10
11  for (let y = 0; y < img.height; y++) {
12    for (let x = 0; x < img.width; x++) {
13      let r = 255.0 - red(img.get(x, y));
14      let g = 255.0 - green(img.get(x, y));
15      let b = 255.0 - blue(img.get(x, y));
```

```
16
17        img.set(x, y, color(r,g,b));
18      }
19    }
    …
```

実行すると次のように画像全体の色が反転されて表示されます[※2]。白い雲は黒く、黒っぽい木が白くなっていることからも、色が反転していることがわかります。

図7.14●InvertAllの実行結果

これをグレースケールにするのも簡単です。グレースケールにする場合は、次のような計算でピクセルを処理します。先ほどとは処理する計算式が異なることがわかります。このグレースケール化の計算式は人間の目の特性に合わせて決められたものです[※3]。

```
for (let y = 0; y < img.height; y++) {
  for (let x = 0; x < img.width; x++) {
    let c = img.get(x, y);              // ピクセル値を取り出す
    let gray = 0.3 * red(c) + 0.59 * green(c)+ 0.11 * blue(c);
                                        // グレースケール化の式
    img.set(x, y, color(gray,gray,gray));    // 反転した色を設定する
```

※2　使用されているPCによっては2～3分くらいかかるので注意してください。

※3　このようなJavaScriptによる画像処理に関して詳しくは、拙書「HTML5+JavaScriptによる画像・動画像処理入門」（カットシステム刊）を参考してください。

```
    }
  }
```

　さて、これらのプログラムを実行してわかるように get、set で 1 ピクセルずつ処理しているため処理に時間がかかります。画像のサイズが小さい場合にはよいのですが、大きくなると困りものです。ここで役に立つのが表 7.2 の p5.Image オブジェクトの pixels 配列です。

7.7.2　ピクセルの値を直接操作する

　pixels 配列は、loadImage 関数を実行しただけでは値が入っていませんが、loadPixels 関数を実行すると、読み込んだ画像のピクセル値が格納されます。これを直接操作すれば高速に処理することができます（配列なので直接書き換えることができます）。どれくらい速いかは InvertPixelArray を実行してみるとわかります。今度は、すぐに色が反転された画像が表示されたと思います。このサンプルプログラムを以下に示します。

リスト7.10●InvertPixelArrayのsketch.js

```javascript
 1  // InvertPixelArray
    ...
 8  function setup(){
 9    createCanvas(img.width, img.height);
10
11    img.loadPixels();          // 画像のピクセル値をpixels配列に読み込む
12    let pixels = img.pixels;   // アクセスしやすいようにpixelsに入れる
13    for(let y = 0; y < img.height; y++) {
14      for(let x = 0; x < img.width; x++) {
15        let i = (x + y * img.width) * 4;      // 配列の添え字を計算する
16        pixels[i + 0] = 255 - pixels[i + 0];  // ピクセル値を書き換える
17        pixels[i + 1] = 255 - pixels[i + 1];
18        pixels[i + 2] = 255 - pixels[i + 2];
19      }
20    }
21    img.updatePixels();   // pixels配列の内容を表示用のバッファに書き込む
22    image(img, 0, 0);     // 画像を表示
23  }
24
25  function draw() {
    ...
```

　ここでのポイントは 11 行目の loadPixels メソッドと 15 ～ 18 行目の処理です。loadPixels メソッドを実行すると画像のピクセル値が pixels 配列に読み込まれます。この pixels 配列の構造には少し注意が必要です。以下に pixels 配列の中身を示します。

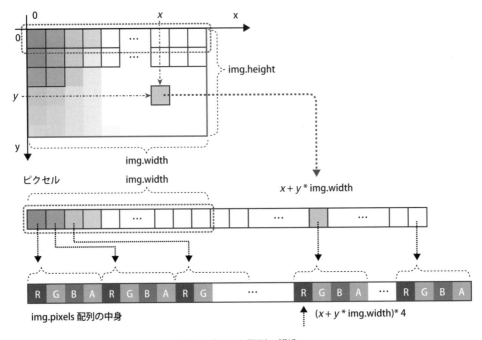

図7.15●pixels配列の構造

　一番の下に書かれているのが pixels 配列です。これは 1 次元配列なので、2 次元の画像を 1 次元の pixels 配列に格納するときに何らかの変換が必要になります。

　pixels 配列には、画像の左上端のピクセルから順に右へ、ピクセルの赤（R）、緑（G）、青（B）、透明度（A）の値がそれぞれ 1 つずつ順に格納されます。左上端のピクセルの RGBA 値が格納されると、次にその右隣のピクセルの RGBA 値が格納、次のその右隣のピクセル値の……という形で横方向に進み、右端のピクセルまでくると今度は 1 行下に下がり、同じようにその行の左端のピクセルから右端のピクセルまでの RGBA 値が格納されます。これが右下隅のピクセルまで繰り返され、すべてのピクセル値が 1 次元に直されて格納されているのです。例えば、pixels 配列の 0、1、2、3 番目の要素（pixels[0]、pixels[1]、pixels[2]、pixels[3]）の値を出力すれば左上端のピクセルの RGBA 値が出力されます。

　このため、(x, y) の場所にあるピクセルの RGBA 値を pixels 配列から取り出すには少し計算が必要になります。y は上から何行目かを表すので、行数が 1 つ増えるごとに width 分だけ配列の添え字が進みます。この計算を行っているのが y * width の部分です。これに x を加えることで

pixels 配列内の場所に変換することができそうですが、ここで各ピクセルは RGBA の 4 つのデータから成っていることを思い出してください。このため pixels 配列内のピクセルの添え字を得るには 15 行目のように 4 倍する必要があります。なお、12 行目は、img.pixels という形で配列にアクセスすると時間がかかるので、直接アクセスできるように pixels 変数に取り出しています。

```
15  let i = (x + y * img.width) * 4;        // 配列の添え字を計算する
16  pixels[i + 0] = 255 - pixels[i + 0]; // 赤を反転する
17  pixels[i + 1] = 255 - pixels[i + 1]; // 緑を反転する
18  pixels[i + 2] = 255 - pixels[i + 2]; // 青を反転する
```

あとは、15 行目で計算した添え字を用いて 16 ～ 18 行目で色を反転表示しています。R の値は pixels[i + 0]、G はその隣の pixels[i + 1]、B は 2 つ隣の pixels[i + 2] に格納されています。最後、更新した pixels 配列の内容を 21 行目の updatePixels で表示用のバッファに描き込んで、表示しています。これはこれまでと同じです。

7.8　その他の画像の表示方法

最後に、p5.js が提供するもう 1 つの画像を表示する方法を説明します。第 6 章で使った createImg 関数です。createImg 関数と loadImage 関数の違いは、loadImage 関数は読み込んだ画像を img 関数で描画領域に描画する必要がありましたが、createImg 関数は画像ファイルを読み込むと何もしなくても表示してくれる点です。createImg 関数は描画領域ではない部分に画像を描画します[4]。結果は ShowImage と同じなのでプログラムを見ましょう。

リスト7.11●CreateImgのsketch.js

```
1  // CreateImg
2  function setup() {
3    noCanvas();                           // 描画領域を作成しない
4    createImg("sky.png", "sky and sea");  // 画像の読み込み
5  }
6
```

[4]　createImage 関数は、内部的に HTML の img タグ（この場合、<img src="sky.png">）を生成し、index.html に追加することで画像を表示しています。このため描画領域は必要ないのです。

```
 7  function draw() {
 8
 9  }
```

3行目のnoCanvas関数は、第6章で出てきました。p5.jsは何も指定しないとデフォルトの100×100の描画領域を自動的に作成してしまいます。ところが、createImg関数は描画領域に画像を描画しないので、これを実行しないと表示された画像の前に100×100の空白があいてしまいます。ここではそうならないように描画領域を作成しないようにしています。createImg関数の第1引数はファイル名、第2引数は画像が読み込めなかった時に表示される文字列です[※5]。

7.8.1 画像をアニメーションで動かす

では、この画像を動かしてみましょう。draw関数の中で、読み込んだ画像オブジェクトが持つpositionメソッド（第6章参照）で表示位置 (x, y) を変更すれば画像が動いて見えます。結果は、7.2.2節のMovingImageと同じです。

リスト7.12●CreateMovingImgのsketch.js

```javascript
 1  // CreateMovingImg
 2  let img;                // 読み込んだ画像
 3  let x =0, y = 0;        // 画像の描画位置
 4
 5  function preload(){
 6    img = createImg("sky.png", "sky and sea");  // 画像の読み込み
 7  }
 8
 9  function setup() {
10    noCanvas();         // 描画領域を作成しない
11  }
12
13  function draw() {
14    img.position(x, y);
15    x++; y++;           // 画像の表示位置を変える
16  }
```

ここでは画像が読み込まれてから処理されるようにpreload関数内でcreateImg関数を実行し

※5　imgタグのalt属性と同じです。

ています。14 行目で画像を表示し、15 行目で画像の表示位置を更新しているだけです[※6]。

7.8.2　描画領域に描画する

createImg 関数を使用して描画領域に画像を描画することもできます。以下にプログラムを示します。

リスト7.13●CreateImgCanvasのsketch.js

```
1  // CreateImgCanvas
2  let img;                      // 読み込んだ画像を管理する変数
3  function preload() {
4    img = createImg("sky.png", "sky and sea"); // 画像の読み込み
5  }
6
7  function setup() {
8    createCanvas(640, 320);     // 描画領域を作成
9    img.hide();                 // createImageの画像を表示しない
10   image(img, 0, 0);           // 画像の表示
11 }
12
13 function draw() {
   ...
```

9 行目の hide メソッドで createImg による画像は表示しないようにします。そうしないと 2 つ画像が表示されています（実際に 9 行目の img.hide() をコメントアウトしてやってみると 2 つ同じ画像が表示されます）。画像の表示は image 関数で行います（10 行目）。描画領域に表示すれば、フィルタをかけたりピクセル処理したりできます。

※6　画像の表示に描画領域（canvas）ではなく img タグを使っているため、draw 関数内で background 関数を実行する必要はありません。この場合、ブラウザが再描画を処理してくれます。

7.9 まとめ

　本章では、p5.js で画像を表示したり、アニメーションさせたり、フィルタ処理する方法、また、そのようなフィルタ処理を、ピクセルを直接処理することで実現する方法などを説明しました。ピクセルを処理する方法は get、set メソッドを用いた簡易な方法（ただし、処理に時間がかかる）から、pixels 配列を直接処理する高速な方法を説明しました。ここでは、色の反転処理しか扱いませんでしたが、フィルタ処理の残りの処理も、ピクセル値に対してなんらかの数式を適用することで実現できます。他の処理に関しては本書の範囲を超えるので、他の画像処理などの本を参照してください。

第8章

動画を扱う

　前の章では、p5.js で画像を扱う方法について説明しました。今度は、動画を扱ってみましょう。動画というと大変そうですが、p5.js では動画を簡単に扱うことができます。p5.js では次の2つの方法で動画が扱えます。(1) スマートフォンなどで撮影してファイルに保存した動画を扱う、(2) PC に内蔵されたカメラや、USB などで接続した Web カメラから取り込んだ映像を扱う方法です。

図8.1●Webカメラ

　最初にファイルに保存された動画を扱う方法を説明し、その後、Web カメラから取り込んだ映像を扱う方法を説明します。画像と同様に、まずは、動画ファイルの読み込みと表示からみていきましょう。

8.1 動画ファイルの読み込みと再生

　感じをつかむために、動画ファイルを再生するプログラムを実行してみましょう。サンプルプログラムの PlayVideo を実行してみてください。以下のような動画が再生されます。サンプルプログラムでは動画ファイルは用意されていますが、p5.js Web エディタで新しくプログラムを作成される場合には、画像ファイルのときと同様に、動画ファイルをアップロードするのを忘れないようにしてください（7.1 節参照）。

図8.2●PlayVideoの実行結果

　ここでは index.html と同じフォルダにある movie.webm が再生されています。このプログラムは次のようになっています。

リスト8.1●PlayVideoのsketch.js

```
1  // PlayVideo
2  function setup() {
3    noCanvas();                             // デフォルトの描画領域を作成しない
4    let video = createVideo("movie.webm"); // 動画ファイルを読み込む
5    video.play();                          // 動画ファイルを再生する
6  }
7
8  function draw() {
9
10 }
```

　これは第 7 章で createImg 関数を使ったプログラムと非常によく似ています。4 行目で createVideo 関数を用いて引数で指定した動画ファイルを video 変数に読み込み、5 行目で play メソッドを使って再生しているだけです。3 行目の noCanvas 関数は、第 7 章で説明した createImg 関数と同様に、createVideo は描画領域を使用せずに動画を表示するので余分な空白ができないように描画領域を作成しないようにしています[1]。画像では loadImage 関数がサポートされていましたが、動画では loadVideo 関数はサポートされていないので注意してください。createVideo 関数は次のような機能を持っています。

---

createVideo(src, [callback])
　引数で指定された動画ファイルを読み込む。

引数	src	動画ファイルへのパス名、またはパス名の配列（例：["movie.mp4", "movie.webm"]）
	callback	動画を再生することができ、バッファリングで停止することなく、最後まで再生するのに十分なデータが読み込まれたと推定された時に呼び出される。
戻り値	読み込んだ動画を管理するオブジェクト（p5.MediaElement オブジェクト）	

　引数には動画ファイルへのパス名を指定します。今回は、sketch.js と同じフォルダにあるのでファイル名になります。ブラウザがサポートする動画ファイルの形式はブラウザごとに少し違いがあるため、引数の説明に書いてあるように、配列を使用して、複数の形式のファイルが指定できるようになっています。

```
createVideo([ "movie.mp4", "movie.webm" ]);
```

　上記のように配列で複数個指定しておくと、その中でブラウザで再生できるものが使われます。戻り値は読み込んだ動画を管理する p5.MediaElement オブジェクトです。p5.MediaElement オブジェクトは次のようなメソッドを持っています。

表8.1●動画を管理するp5.MediaElementオブジェクトが提供するメソッド

メソッド名	機能
play()	動画を再生する。
stop()	再生を停止する（次に再生すると最初から再生される）。
pause()	再生を一時停止する（次に再生すると停止した場所から再生される）。

---

[1]　createImg 関数と同様にこの関数は内部的には <video> タグを生成し、index.html に追加しそれを用いて動画を作成しています。ですので、描画領域は必要ないのです。

メソッド名	機能
loop()	ループ再生を true にして、動画を再生する（ループ再生される）。
noLoop()	ループ再生を false にする（ループ再生されなくなる）。
autoplay([b])	動画の準備ができたら自動的に再生する。引数に false を指定すると自動再生しない。
volume(v)	音量を指定する（0.0 〜 1.0）。引数を指定しないと現在の音量が返る。
time(t)	引数（t）で指定した時刻から再生する（秒）。
duration()	再生している時間を得る（秒）。
showControls()	再生ボタンなどのコントロールを表示する。
hideControls()	再生ボタンなどのコントロールを非表示にする。

　今回のプログラムでは play メソッドで再生しているので動画の再生が終わると止まってしまいます。loop メソッドに変更すると繰り返し再生するようになります。また、showControls メソッドを使用すると、次のように再生ボタンが表示されます。

図8.3●コントロールを表示した例

```
1  // PlayVideo
2  function setup() {
3    noCanvas();                           // デフォルトのcanvasを作成しない
4    let video = createVideo("movie.webm"); // 動画ファイルを読み込む
5    video.play();                         // 動画ファイルを再生する
6    video.showControls();                 // コントロールを表示する
7  }
   …
```

　これは、hideControls メソッドで非表示にできます。基本的な使い方がわかったところで、マウスでクリックすると動画を再生、一時停止するようにしてみましょう。これは、play、pause メソッドで簡単に実現できます。

8.2　マウスクリックで動画を再生、停止する

　マウスクリックで動画の再生、一時停止を切り替えるのは簡単です。マウスボタンがクリックされた時に呼び出される mouseClicked 関数で、動画の再生、停止を制御すればよいのです。以下にサンプルプログラムを示します。

リスト8.2●PlayPauseVideoのsketch.js

```
 1  // PlayPauseVideo
 2  let video;                     // 読み込んだ動画を管理する
 3  let playing = false;           // 動画が再生されているか
 4
 5  function setup() {
 6    noCanvas();                  // 描画領域を作成しない
 7    video = createVideo("movie.webm"); // 動画ファイルの読み込みと表示
 8  }
 9
10  function draw {
11
12  }
13
14  function mouseClicked() {
15    if (playing) {               // 再生中
16      video.pause();             // 停止する
17    } else {                     // 停止中
18      video.play();              // 再生する
19    }
20    playing = !playing;          // 状態を切り替える
21  }
```

　3行目の playing 変数は、動画が再生されているかどうかを管理するもので、最初は、動画が再生されていない状態なので false（再生されていない）に設定しておきます。

　5行目の setup 関数は前のプログラムとは同じです。サンプルプログラムを実行すると動画の最初の画面が表示されます。マウスでクリックすると14行目の mouseClicked 関数が実行され、15行目で playing 変数を調べ、動画が再生中かをチェックし、再生中の場合は16行目の pause メソッドで停止します。そうでない場合は18行目の play メソッドで再生します。

その後、20 行目で playing 変数の内容を切り替え（false ⇔ true）ています。これでクリックするたびに playing の内容が変わり、再生、一時停止を繰り返すことができます。今度はこの動画を処理してみましょう。

8.3 動画の色を反転する

前の章では、画像の色を反転する方法を紹介しました。ここでは、表示した動画の色を反転してみましょう。以下に、実行結果を示します。

図8.4●InvertVideoの実行結果

これを実現するには 2 つの方法があります。前の章で説明したような filter メソッドを用いる方法、ピクセルを直接変更する方法です。あらかじめ用意されているフィルタで処理が済むのなら前者の方が簡単です。独自の方法で動画を処理したい場合には後者を用います。

ここで注意が必要です。前の節では img 変数に読み込んだ画像を filter メソッドでフィルタ処理しましたが、動画の場合は、描画領域に描画したものをフィルタ処理します。この際に用いるのが以下のフィルタ関数です。

`filter(name, [param])`
　描画領域にフィルタ処理を行う。

引数　　name（フィルタ名）、param（引数）ともに表 7.1 の filter メソッドと同じ。
戻り値　なし

8.3.1 filter 関数を用いる

まずは filter 関数を使ってみましょう。サンプルプログラムを以下に示します。

リスト8.3●InvertVideoのsketch.js

```
1  // InvertVideo
2  let video;                          // 再生する動画を管理する変数
3
4  function setup() {
5    createCanvas(640, 360);           // 描画領域を作成
6    video = createVideo("movie.webm");
7    video.hide();                     // 動画が自動的に表示されないようにする
8    video.play();
9  }
10
11 function draw() {
12   image(video, 0, 0, width, height); // 描画領域に動画を描画する
13   filter(INVERT);                    // 色を反転する
14 }
```

　先ほどの動画を再生するプログラムとの違いは、5 行目の createCanvas 関数で描画領域を用意していることと、7 行目で動画が表示されないようにしていることです。今回はフィルタ処理した動画を描画領域に表示するので createVideo 関数が表示する動画を非表示にする必要があります。

　動画をフィルタ処理するには、動画ファイルを描画領域に表示しそれに適用します[2]。描画領域への表示は、前の章で画像を表示したように image 関数で行えます（12 行目参照）。これは image 関数の第 1 引数を video にするだけです。13 行目の filter 関数で、描画領域に描画された画像をフィルタ処理します（引数の意味は、前の章の図 7.3 参照）これで動画が反転表示されて再生されるようになります。ここで注意してほしいのは、これらの処理が draw 関数の中で行われていることです。これは動画が複数の静止画から構成されているからです。

　動画は以下のように少しずつ絵の異なる静止画が連続したものと考えることができます。これを 3.6 節で説明したアニメーションのように連続して表示すると人間の目が動画として（動いているように）見てくれるのです。

---

[2]　createImg の時と同様に再生した動画は、HTML5 の video タグを用いて表示されているのでそのままではフィルタ処理できません

図8.5●動画は静止画の集まり

このため、動画を処理する場合は、このような静止画を1枚ずつ取り出して処理する必要があります。今回はこのような動画から静止画を1枚ずつ取り出す処理を明示的に行っていません。代わりに、8行目のようにしてplay（やloopメソッド）で再生し、12行目のようにimage関数をdraw関数に書くことで、image関数が動画から次の静止画を取り出して表示してくれるようになります。これにより動画として再生されてみえるのです。

次はfilter関数を用いずにピクセルを直接処理してみます。

8.3.2 ピクセルを直接変更する

ここでは、前の章の画像で行ったようにピクセルを直接取り出し、変更して色を反転してみます。実行結果は図8.4と同じなので省略します。プログラムは以下のようになります。

リスト8.4●InvertVideoPixelArrayのsketch.js

```
1  // InvertVideoPixelArray
2  let video;
3
4  function setup() {
5    createCanvas(640, 320);
6    video = createVideo("movie.webm");
7    video.hide();          // 動画を表示しない
8    video.play();
9  }
10
11 function draw() {
12   video.loadPixels();    // 画像のピクセルをpixels配列に読み込む
13   let pixels = video.pixels;
```

```
14    for(let y = 0; y < video.height; y++) {
15      for(let x = 0; x < video.width; x++) {
16        let i = (x + y * video.width) * 4;   // 配列の添え字を計算する
17        pixels[i + 0] = 255 - pixels[i + 0]; // ピクセルの色を反転する
18        pixels[i + 1] = 255 - pixels[i + 1];
19        pixels[i + 2] = 255 - pixels[i + 2];
20      }
21    }
22    video.updatePixels(); // pixels配列の内容を描画バッファに反映する
23    image(video, 0, 0, width, height);
24  }
```

　setup 関数の処理は、先ほどの InvertVideo と同じです。5 行目で描画領域を作成し、7 行目で動画の表示をオフにしています。実際のピクセル値の変更は 11 行目の draw 関数で行っています。画像と同様に、createVideo 関数が返したオブジェクトを格納した video 変数の loadPixels メソッドで画像のピクセル値を読み込んでいます（13 行目）。これで動画を構成するピクセルが pixels 配列に読み込まれます。あとは、14 と 15 行目にある InvertPixelArray とほぼ同じ for 文で全ピクセルを処理しているだけです。

　ここでも先ほどと同じように、8 行目で再生した動画を構成する静止画を 1 つずつ取り出して処理する必要があるので draw 関数の中で処理しています。このようにすると loadPixels メソッドは、次の静止画を動画から取り出して pixels 配列に格納してくれるようになります。最後に、updatePixels メソッドを用いて更新しています（22 行目）。

8.4　ドラッグ & ドロップでビデオを再生する

　第 6 章では、UI 部品の説明の一環として、ドラッグ & ドロップした画像ファイルを表示するプログラムを紹介しました。これを動画ファイルに対応させ、なおかつ、描画領域に表示されるようにしてみましょう。

　サンプルプログラムの DropVideo を実行すると灰色の領域が表示されます。そこに画像や動画ファイルをドロップすると表示・再生されます。以下に実行結果を示します。

図8.6●DropVideoの実行結果

サンプルプログラムは以下の通りです。

リスト8.5●DropVideoのsketch.js

```
1   // DropVideo
2   let media = null;
3
4   function setup() {
5     let canvas = createCanvas(640, 360);
6     canvas.drop(getFile);
7     background(200);
8     text("画像や動画ファイルをドロップしてください", 10, height / 2);
9     noLoop();                          // 描画ループ（draw関数）を止める
10  }
11
12  function draw() {
13    if (media != null) {               // 画像や動画が読み込まれたら
14      image(media, 0, 0, width, height); // 表示
15    }
16  }
17
18  function getFile(file) {
19    if (file.type === "video") {
20      media = createVideo(file.data);
21      media.play();                    // 動画を再生する
22      media.hide();                    // 動画を非表示にする
23      loop();                          // 描画ループ（draw関数）を再開する
24    } else if (file.type === "image") {
25      media = createImg(file.data);
```

```
26        media.hide();
27        redraw();                          // 1度だけ描画ループ（draw関数）を回す
28    }
29  }
```

第6章で説明したようにドロップされたファイルは、dropメソッドで設定された関数（コールバック関数）で処理します。この関数の設定は6行目で行われ、ドロップされるとgetFile関数が実行されます。9行目のnoLoop関数は、ファイルがドロップされるまでdraw関数を止めておくためです。

13行目のif文は、動画や画像が読み込まれる前に、描画されないようにするものです。14行目が動画や画像を表示している部分です。残りは、18行目のgetFile関数での処理で、19行目のif文でドロップされたファイルが動画かどうかチェックしています。動画の場合は20行目のcreateVideo関数で読み込み、21行目のplayメソッドで再生、22行目のhideメソッドで非表示にしています。あとは、描画ループ（draw関数）を再開すれば描画領域に動画が再生されます。これを行っているのが23行目のloop関数です。前の節と同じようにdraw関数内でimage関数が実行されているので動画が再生されます。

以上では、動画ファイルの再生、処理方法を説明しました。今度は、Webカメラから取り込んだ画像を表示、処理する方法について説明しましょう。

8.5 カメラの映像を表示する

p5.jsではパソコンやタブレット、スマホのカメラにアクセスし、そこから映像や音声をプログラムに取り込むことができます。

8.5.1 ブラウザによるカメラ使用許可の確認

まずは、プログラムを実行して、カメラから映像を取り込み表示するのがどのようなものが見てみましょう。サンプルプログラムはHelloCameraです。実行する前に、ちょっと注意が必要です。プログラムを実行した場合に、カメラの使用許可を求められる場合があるからです。

● p5.js Web エディタで実行した場合

実行すると何も聞かれずにカメラが起動しカメラから取り込まれた画像が表示されます。

図8.7●HelloCameraの実行結果

● Chrome などで直接実行した場合

以下のようなカメラの使用許可を求めるボタンが表示されます（これは、盗撮防止のためで
す）。Chrome の場合は「許可」、Firefox の場合は「選択したデバイスを共有 (S)」をクリック
してください。

図8.8●HelloCameraをChromeで実行（カメラの使用許可を求めている）

それでは、カメラからの映像を表示するプログラムがどのようなものか見ていきましょう。
サンプルプログラムを以下に示します。非常に短いことがわかります。

リスト8.6●HelloCameraのスケッチ

```
1  // HelloCamera
2  function setup() {
3    noCanvas();              // 描画領域(canvas)を作成しない
4    createCapture(VIDEO); // カメラ画像の取り込み、表示
5  }
```

```
6
7  function draw() {
8
9  }
```

　ご覧のように 4 行目に createCapture 関数があるだけです。この関数はカメラから映像を取り込む準備をし、カメラを起動し、取り込んだ内容を描画する準備をしてくれます。後は、p5.js が自動的に映像を取り込み、表示してくれます。createVideo 関数と同様に、取り込まれた映像は描画領域に表示されるのではないので 3 行目で描画領域を作成しないようにしています。createCapture 関数は次のような機能を持っています。

---

createCapture(type, [callback])
　カメラから映像／音声を取り込み、表示する。

引数	type	VIDEO または AUDIO を指定する。指定しないと映像／音声の両方が取り込まれる。
	callback	映像／音声が取り込まれると呼び出される関数
戻り値	カメラを管理するオブジェクト（p5.Element オブジェクト）

　カメラからの映像の表示は非常に簡単なことがわかりました。次は、マウス操作でカメラからの映像の取り込みを制御できるようにしてみましょう。

8.5.2　マウスクリックでカメラを制御する

　ここでは、マウスクリックでカメラを停止したり、起動したりするプログラムを作成します。サンプルプログラムを以下に示します。

リスト8.7●PlayPauseCameraのsketch.js

```
1  // PlayPauseCamera
2  let camera;              // カメラを管理する変数
3  let capturing = true; // デフォルトではすぐに映像が表示されてしまうため
4
5  function setup() {
6    noCanvas();
7    camera = createCapture(VIDEO); // カメラを用意する
```

```
 8  }
    ...
14  function mouseClicked() {
15    if (capturing) {            // 映像が表示されている
16      camera.pause();           // カメラを停止する
17    } else {
18      camera.play();            // カメラを起動する
19    }
20    capturing = !capturing;     // 状態を入れ替える
21  }
```

　基本的な構造は、リスト 8.2 の PlayPauseVideo と同じです。16 行目で、capturing 変数でカメラがオンになっているかどうかを調べ、オンの場合は、17 行目で、pause メソッドで停止します。カメラが停止している場合は 18 行目で play メソッドを用いて起動しています。これで、マウスクリックによるカメラからの停止、再開が実現できました。

　では、今度は、カメラから取り込んだ画像の色を反転表示してみます。これは、さきほど説明した動画の色の反転と同じです。

8.6 カメラからの映像の色を反転する

　まず、InvertCamera の実行結果を以下に示します。カメラからの映像の色が反転されて表示されます。

図8.9●InvertCameraの実行結果

これを実現するには、前の章で説明したような filter 関数を用いる方法と、ピクセルを直接変更する方法があります。

8.6.1　filter 関数を用いる

サンプルプログラムを以下に示します。やっていることは InvertVideo と同じです。

リスト8.8●InvertCameraのsketch.js

```
1  // InvertCamera
2  let camera;                         // カメラを管理する変数
3
4  function setup() {
5    createCanvas(320, 240);
6    camera = createCapture(VIDEO);
7    camera.hide();                    // カメラからの映像を非表示にする
8  }
9
10 function draw() {
11   image(camera, 0, 0, width, height);   // 描画領域に描画する
12   filter(INVERT);                       // 色を反転する
13 }
```

InvertVideo と異なるのは、動画の場合 play メソッドで再生する必要がありましたが、カメラでは必要ないことです。5 行目の createCanvas 関数で描画領域を用意して、11 行目の image 関数で描画し 12 行目の filter 関数で色を反転しています。簡単ですね。

最後は、動画でやったようにピクセルを直接処理する方法を示しましょう。これも動画ファイルの場合と同じです。

8.6.2　ピクセルを直接操作する

プログラムを以下に示します。ご覧のように、変数名が video から camera に変わっただけで、リスト 8.4 の InvertVideoPixelArray と同じです。

リスト8.9●InvertCameraPixelArrayのsketch.js

```
 1  // InvertCameraPixelArray
    …
10  function draw() {
11    camera.loadPixels();                    // pixels配列にピクセルを読み込む
12    let pixels = camera.pixels;
13    for(let y = 0; y < camera.height; y++) {
14      for(let x = 0; x < camera.width; x++) {
15        let i = (x + y * camera.width) * 4;   // 配列の添え字を計算する
16        pixels[i + 0] = 255 - pixels[i + 0]; // ピクセルの色を反転する
17        pixels[i + 1] = 255 - pixels[i + 1];
18        pixels[i + 2] = 255 - pixels[i + 2];
19      }
20    }
21    camera.updatePixels();
22    image(camera, 0, 0, width, height);       // 色を反転した画像を表示する
23  }
```

　このように動画もカメラもほとんど同じように扱えるのが p5.js のよいところです。なお、カメラを用いたアプリケーションを作成する場合は、最初から直接カメラからの映像を対象に行うのではなく、まずは、撮影した動画を用いてアルゴリズムを確認してから、実際のカメラで評価すると効率がよいでしょう。

8.7 まとめ

　本章では、動画を扱う方法について説明しました。動画は画像と異なり loadVideo 関数がないため、これまでの描画領域に描き込むのとはちょっと異なったプログラミングが必要でした。後半で説明したカメラから取り込んだ映像を連続的に処理する方法は、色の反転処理だけでなく他の画像処理でも使用することができます。例えば、映像の中で動いている物体を抽出するのにフレーム間の画像の差分を取ることもできますし、また、カメラの画像からマーカー認識や人の抽出をすることで、拡張現実感（AR）のアプリケーションや監視カメラのアプリケーションなども可能になります。

第9章
サウンドを扱う

　この章ではサウンド（効果音や音楽、音声など）を扱う方法について説明します。このようなサウンドは基本的にファイルに保存されていたりマイクから取り込まれたりしますが、保存されたファイルは一般的にはサウンドファイルと呼ばれます。このようなサウンドファイルには、音楽が録音されたものや音声が録音されたもの、ゲームなどの効果音が録音されたものなどがあります。これらは画像と同様に、スマートフォンで録音したり、自分で作成したり、ネットワークからダウンロードしたりすることができます。p5.js ではこのようなサウンドファイルの再生や制御を行う機能や、マイクからの音の取り込み、再生、保存など様々な機能が提供されています。

9.1 サウンドを読み込み、再生する

　まずは、サウンドファイルの読み込みと再生方法から見てみましょう。ここでは、サウンドファイル名をmusic.mp3とします。適当なファイルがない場合は、フリー素材などからダウンロードしてください。以下にサウンドファイルを再生するプログラムを示します。

リスト9.1●PlayMusicのsketch.js

```
1  // PlayMusic
2  let sound;                    // 読み込んだサウンドファイルを管理する変数
```

```
 3
 4    function preload() {
 5      sound = loadSound("music.mp3"); // サウンドファイルの読み込み
 6    }
 7
 8    function setup() {
 9      sound.play();                    // サウンドファイルの再生
10    }
11
12    function draw() {
13
14    }
```

　p5.js Web エディタで新しくプログラムを作成している場合は、画像や動画のときと同様に、music.mp3 をエディタにアップロードしておいてください（7.1 節）。実行ボタンをクリックすると music.mp3 が再生されます。音が鳴らない場合は、スピーカーがオフになっていないか、音量が小さすぎないかなどをチェックしてみてください。また、そのサウンドファイルがみなさんの使用されているブラウザで再生できるかどうかは、ブラウザにファイルをドラッグ＆ドロップすることで確認できます。

　プログラムはサウンドファイルの読み込み、再生しているだけです。読み込みに用いる関数が 5 行目の loadSound 関数です。引数はサウンドファイル名で、読み込んだ内容は sound 変数に格納されます。画像と同様にサウンドファイルは読み込み終わらないと処理できないので読み込みは preload 関数で行います。読み込みが終わると setup 関数が実行されるので、sound の play メソッドを実行し再生しています。以下に loadSound 関数の説明を示します。

---

loadSound(path, [successCallback], [errorCallback], [whileLoading])

　path で指定したサウンドファイルを読み込み p5.SoundFile オブジェクトを作成する。preload 関数以外で実行すると、サウンドファイルの読み込みが終わる前に戻り値を返すことがある。この場合は、successCallback を指定し、読み込みが終わってから次の処理に行くようにする。

引数	path	サウンドファイル名、または複数の音声ファイル名の配列
	successCallback	サウンドファイルの読み込みが終了すると実行される。引数に p5.SoundFile オブジェクトが渡される。
	errorCallback	サウンドファイルの読み込みに失敗すると実行される。引数にエラーを表すオブジェクトが渡される。

| whileLoading | サウンドファイルを読み込んでいる間実行される。引数には0.0～1.0で表した読み込みの割合が渡される[1]。 |

戻り値 読み込んだ音を管理するオブジェクト（p5.SoundFileオブジェクト）

戻り値として得られるp5.SoundFileオブジェクトは次のようなメソッドを持っています。

表9.1●p5.SoundFileオブジェクトが提供するメソッド

メソッド名	説明
play([t])	サウンドファイルを再生する。tは何秒後に再生するかを指定する。
pause([t])	再生しているサウンドファイルを一時停止する。再生すると一時停止した場所から再生される。tは何秒後に停止するかを指定する。
loop([t])	サウンドファイルを繰り返し再生する。tは何秒後に繰り返し再生するかを指定する。
isPlaying()	サウンドファイルが再生されている場合にtrue、そうでない場合にfalseを返す。
stop([t])	サウンドファイルの再生を停止する。再生すると最初から再生される。tは何秒後に停止するかを指定する。
pan(p, [t])	サウンドファイルを再生する場合の、左右のスピーカーへの音の振り分けを指定する。−1を指定すると左からしか聞こえなくなり、1にすると右側からしか聞こえなくなる。0は両方。t秒後に振り分けを開始する。
rate([r])	再生速度を設定する。1.0は元の速度、0.5は半分、2.0は倍速。
setVolume(v)	音量を設定する。0は無音、1は最大音量。
amp(v)	setVolumeと同じ。
currentTime()	現在の再生位置を返す。
jump(t)	指定した再生位置に移動する。
duration()	サウンドファイルの再生時間を秒で返す。

それでは、表9.1のメソッドを利用して、マウスクリックでサウンドの再生、停止を制御できるようにしてみましょう。

9.1.1 再生、停止を制御する

マウスクリック時にサウンドファイルが再生されていなかったら再生、再生されていたら停止するプログラムを作ってみます。以下にサンプルプログラムを示します。PlayMusicと同じ箇所は省略してあります。

---

[1] p5.soundのリファレンスにはこのように記載されていますが、実際は−4.7～2.3など記載と異なる値が渡されます。この値は読み込むファイルの大きさによって変わります。

リスト9.2●PlayStopMusicのsketch.js

```
1  // PlayStopMusic
2  let sound;                        // 読み込んだサウンドファイルを管理する変数
3
4  function preload() {
5    sound = loadSound("music.mp3"); // サウンドファイルの読み込み
6  }
7
8  function setup(){
9
10 }
   …
16 function mousePressed() {
17   if (sound.isPlaying()) {        // 再生されているか?
18     sound.pause();                // 一時停止する
19   } else {
20     sound.play();                 // 再生する
21   }
22 }
```

16行目のmousePressed関数で再生・停止の制御を行っています。この関数では、サウンドファイルが再生されているかを17行目のisPlayingメソッドでチェックしています。このメソッドはサウンドファイルが再生中の場合はtrueを返すので、18行目のpauseメソッドで止めています。19行目は、isPlayingがfalseを返した場合なので、playメソッドで再生を再開します。

9.1.2　再生速度、音量、再生位置などを制御する

ここまでわかれば、後は簡単です。今度は、スライダーを使って再生速度、音量、再生位置などを調整できるようにしてみましょう。3つのスライダーで実現してみます。実行すると次のように表示され、左側のスライダーを操作すると音量、中央は速度、右側は再生位置を変更できます。

図9.1●VRJcontrolの実行結果

例えば、音量スライダーのつまみを中程にすると半分の音量になりますし、速度スライダーの
つまみを右端にすると倍速で再生されます。また、再生位置スライダーのつまみを中程にすると
曲の半ばから再生されるようになります。プログラムを以下に示します。

リスト9.3●VRJcontrolのsketch.js

```
 1  // VRJcontrol
 2  let sound;                      // サウンドファイル
 3  let s_v, s_r, s_j;              // スライダー
 4  let c = 0;                      // 現在の再生位置
 5
 6  function preload() {
 7    sound = loadSound("music.mp3");
 8  }
 9
10  function setup() {
11    createCanvas(300, 30);        // 「音量、速度、再生位置」の表示用
12    s_v = createSlider(0, 1, 1, 0.01); // 音量を指定する
13    s_r = createSlider(0, 2, 1, 0.01); // 速度を指定する
14    s_j = createSlider(0, sound.duration(), 0, 0.01); // 再生位置を指定する
15    sound.play();
16  }
17
18  function draw() {
19    text("音量、速度、再生位置", 0, 25);
20    sound.setVolume(s_v.value());   // 音量を設定する
21    sound.rate(s_r.value());        // 速度を設定する
22    if (c != s_j.value()){          // 再生位置が変わっていたら変更する
23      c= s_j.value();
24      sound.jump(c);                // 新しい再生位置を設定する
25    }
26  }
```

プログラムは単純で、12 ～ 14 行目でスライダーを 3 つ作成しています。12 行目は音量指定用
のスライダー、13 行目の速度用のスライダーは、倍速まで指定できるように、最大値を指定する
第 2 引数が 2 になっています。14 行目の再生位置の制御は、第 2 引数がサウンドファイルの長さ
(sound.duration())になるようにしています。あとは、20 ～ 25 行目でスライダーの value メソッ
ド（第 6.3 節）でそれぞれのスライダーのつまみの位置を取り出し、対応するメソッドに渡し音
量などを設定しているだけです。ここで、再生位置の設定は c という変数で管理し、前と異なる

位置が指定された場合にだけ再生位置を変更するようにしています（22行目）。

9.1.3 音量を可視化する

　今度は音を可視化してみましょう。p5.js は簡易なサウンド分析として音量が簡単に得られる Amplitude オブジェクトを提供しています。さらに細かい分析はフーリエ変換を用いて行えますが、ここでは簡単な Amplitude オブジェクトの使用方法を紹介します。このオブジェクトを使うと音量を 0 〜 1 の値で得ることができます。先ほどのサウンドファイルの音量を円で表示するようにしてみましょう。実行すると左のような円が表示されます。クリックするとサウンドファイルが再生され、その音量に合わせて円の大きさが変わります。

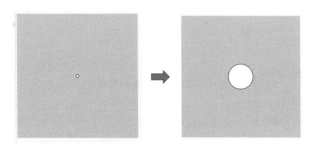

図9.2●Amplitudeの実行結果

　このプログラムは、リスト 9.2 の PlayAndStop の sketch.js に機能を追加したものです。

リスト9.4●Amplitudeのsketch.js

```
1  // Amplitude
2  let sound;                      // サウンドファイル
3  let amp;                        // 解析器
4
5  function preload() {
6    sound = loadSound("music.mp3"); // サウンドファイルの読み込み
7  }
8
9  function setup() {
10   createCanvas(400, 400);
11   amp = new p5.Amplitude();      // 解析器を作成する
12   amp.setInput(sound);           // 解析するサウンドファイルを渡す
13  }
```

```
14
15  function draw() {
16    background(220);
17    let level = amp.getLevel();      // 入力された音のレベルを調べる
18    ellipse(width/2, height/2, level*width + 10, level*height + 10);
19  }
20
21  function mousePressed() {
22    if (sound.isPlaying()) {          // 再生されているか?
      ...
```

setup 関数内の 11 行目で解析器（p5.Amplitude）を new 演算子を使用して作成しています。この書き方はこれまで出てきませんでした。これは、2.14 節で説明したオブジェクトのもう 1 つの作成方法です[※2]。2.14 節では { と } を使ってオブジェクトを作成しましたが、new 演算子を使用しても作成できます。この場合、new の後にオブジェクトの生成用の関数を書くことでオブジェクトを作成します。今回は以下の関数になります。

---

p5.Amplitude()
　マイクの音量を解析する解析器を作成する。

引数　なし
戻り値　音量を解析する解析器を管理するオブジェクト（p5.Amplitude オブジェクト）

---

p5.Amplitude までが関数名で、引数がないので () がその後ろに付いています（引数がある関数もあります）。これまでの loadSound 関数などは関数内部で作成したオブジェクトを返しますが[※3]、これは直接オブジェクトを作成するので呼び出し方が特殊です。11 行目のように new というキーワードの後に関数名と引数を書きます。

```
11  amp = new p5.Amplitude(); // 解析器を作成する
```

こうすると関数が実行されオブジェクトが作成されます。ここでは amp 変数に代入されます。

※2　本来は、createAudioIn 関数が用意されていた方がよいのですが、サウンド関係のライブラリは p5.js とは別のライブラリなので、若干使い方に違いがあります。

※3　loadSound 関数は内部で以下のような処理を行っています。
```
        var s = new SoundFile(path, ..., onerror, whileLoading);
        return s;
```

このようにして生成された p5.Amplitude オブジェクトは次のようなメソッドを持ちます。

表9.2●p5.Amplitudeオブジェクトが提供するメソッド

メソッド名	説明
setInput([source])	解析するサウンドファイルを指定する。引数を指定しないと使用しているすべてのサウンドファイルが対象となる
getLevel()	音量のレベルを返す（0〜1）

　12行目ではこの解析器の setInput メソッドを用いて解析器に解析させるサウンドファイルを指定しています。これで準備完了です。あとは 17行目で getLevel メソッドを呼び出すだけで音量のレベルを得ることができます。これは、0〜1の値が得られるので、ここでは最大になった場合に描画領域いっぱいに円が描画されるように、width と height に乗算した幅と高さで円を描画しています。18行目の第3、4引数に 10を加えているのはプログラムの起動時に表示される円が小さすぎてわからなくならないようにするためです。

9.1.4　再生モード

　サウンドファイルは音なので一定の再生時間を持ちます。このため、あるサウンドファイルを再生している時に、同じサウンドファイル、もしくは、別のサウンドファイルを再生した場合に2つの音がどのように再生されるかを決める必要があります。これが再生モードです。

　これには2つのモードがあり、（1）sustain モードでは、再生中に別のサウンドが再生されると同時にもう1つのサウンドが再生され音が重なります。（2）restart モードでは、再生されているサウンドを停止してからもう1つのサウンドを最初から再生します。実際にプログラムを実行してみるとわかりやすいでしょう。PlayMode を実行すると以下のようにラジオボタンが表示され、restart が選択されていることがわかります。

プレビュー
◉ restart ○ sustain

図9.3●PlayModeの実行結果

　この状態でマウスをクリックするとサウンドファイルが再生されます。最初は restart モードなので、再生されている状態で再度クリックすると、再生中のサウンドファイルが停止され、（ここではサウンドファイルは1つしか使っていないので）同じサウンドが最初から再生されるのがわかります。次に、sustain モードを選んで、同じようにマウスを連続してクリックしてみてください。今度は、前の再生に重なって再生されるようになります。これが2つのモードの違いです。

ゲームなどでは sustain モードが便利かもしれません。

以下にプログラムを示します。ポイントは 23 行目と 25 行目のプログラムによるモード切り替えだけですが、ラジオボタンでモード切り替えができるようにしたためプログラムは少し長くなっています。

リスト9.5●PlayModeのsketch.js

```
 1  // PlayMode
 2  let sound;
 3  let radio;                    // ラジオボタン
 4
 5  function preload() {
 6    sound = loadSound("music.mp3");
 7  }
 8
 9  function setup() {
10    noCanvas();                 // 描画領域を作成しない
11    radio = createRadio();      // ラジオボタンを作る
12    radio.option("restart");    // ラベルをrestart
13    radio.option("sustain");    // ラベルをsustain
14    radio.selected("restart");  // restartが選択された状態
15  }
      ...
21  function mouseClicked(){
22    if (radio.value() === "sustain"){
23      sound.playMode("sustain"); // sustainモードにする
24    } else {
25      sound.playMode("restart"); // restartモードにする
26    }
27    sound.play();
28  }
```

11 ～ 13 行目は 2 つのラジオボタンの用意です。14 行目では、初期状態で restart モードが選択されるようにしています。これは、p5.sound のデフォルトの再生モードです。21 行目の mouseClicked では、ラジオボタンの状態に合わせて playMode メソッドでモードの切り替えを行っています。モードを切り替えた後 27 行目でサウンドファイルを再生して効果がわかるようにしています。

9.2 マイクを扱う

　今度はマイクを扱う方法を説明しましょう。p5.js ではマイクから音を取り込んだり、取り込んだ音を録音したり、再生・保存したりすることができます。

9.2.1 マイクの音量を可視化する

　マイクを扱うにはまず、マイクから音を取り込む準備をする必要があります。それを行うのが、p5.AudioIn 関数です。これも p5.Amplitude と同様に new でオブジェクトを作成します。

---

p5.AudioIn([errorCallback])
　コンピュータのマイクから音を取り込む準備をする。

引数　　errorCallback　　マイク使用時にエラーが発生した場合に呼び出される関数
戻り値　マイクを管理するオブジェクト（p5.AudioIn オブジェクト）

　作成された p5.AudioIn オブジェクトには次のようなメソッドとプロパティを持っています。

表9.3●p5.AudioInオブジェクトが提供するメソッドとプロパティ

メソッド名とプロパティ名	説明
start()	マイクをオンにする。
stop()	マイクをオフにする。
getLevel()	マイクの音量を得る。0 は無音、1 はマイクの取得できる最大レベル。
enabled	マイクがオンになっているか？（true：オン、false：オフ）

　ここでは、マイクから音を取り込み、その音量の大きさを円で表すプログラムを作成します。サンプルプログラムの AudioIn を実行してみてください。何かしゃべると、その音量に合わせて円の大きさが変わることがわかります。なお、p5.js Web エディタでは表示されませんが、実行時に、以下のようなマイク利用許可のウインドウが表示される場合があります。盗聴防止のためですが、ここでは［許可］をクリックしてください。

図9.4●ブラウザからのマイクの使用許可

以下に、AudioInのプログラムを示します。

リスト9.6●AudioInのsketch.js

```
1  // AudioIn
2  let mic;                    // マイクを管理する変数
3
4  function setup(){
5    createCanvas(400, 400);
6    mic = new p5.AudioIn(); // マイクを準備する
7    mic.start();            // マイクをオンにする
8  }
9
10 function draw(){
11   background(220);
12   level = mic.getLevel(); // 入力された音量のレベルを調べる
13   ellipse(width/2, height/2, level*width + 10, level*height + 10);
14 }
```

　マイクを使用するのは動画を再生するのに似ています。6行目でマイクを準備し、7行目でオン
にしています。マイクからの音は連続的に入力されるので、10行目のdraw関数の中の12行目の
getLevelメソッドで音量のレベル（0.0～1.0）を調べています。13行目はそれを円にして描画
しているだけです。ここでは、音量を得るのに前の節のAmplitudeオブジェクトを使用していま
せん。使用していなくても音量が取得できるのは、AudioInオブジェクトが内部的にAmplitudeオ
ブジェクトを使用しgetLevelメソッドで音量を返してくれているからです。

9.2.2　音声の録音と保存

　マイクからの音の取り込み機能を用いると、音を録音し、保存、再生することができます。まずは、プログラムを動かしてみましょう。RecAndPlay を起動すると最初に、図 9.5 の左図に示すような rec ボタンが表示されます。

図9.5●RecAndPlayの実行結果

　これをクリックするとボタンが stop に変わりますが、マイクに向かってしゃべってみてください。録音されるので、適当なところでやめて stop ボタンをクリックします。そうすると今度は play ボタンに変わります。このボタンをクリックすると先ほどしゃべった内容が再生されます。プログラムを以下に示します。ボタンを使用しているのでちょっと長めですが、この種の録音、再生の処理プログラムは基本的にはこのような形になります。

リスト9.7●RecAndPlayのsketch.js

```
1   // RecAndPlay
2   let mic, rec, sfile;          // マイク、レコーダー、サウンドファイル
3   let btn;                       // ボタン
4
5   function setup(){
6     mic = new p5.AudioIn();      // マイクの準備
7     rec = new p5.SoundRecorder(); // レコーダーの準備
8     sfile = new p5.SoundFile();   // サウンドファイルの準備
9     noCanvas(); // 描画領域を作成しない
10    btn = createButton("rec");   // recボタンを用意する
11    btn.mousePressed(record);    // クリックすると録音を開始する
12
13    rec.setInput(mic);           // レコーダーの入力をマイクにする
14    mic.start();                 // マイクをオンにする
15  }
16
17  function record(){             // 録音開始
18    rec.record(sfile);           // sfileに録音する
19    btn.html("stop");            // ボタンをstopに変更
20    btn.mousePressed(stop);
```

```
21 }
22
23 function stop(){            // 録音停止
24   rec.stop();               // 録音を停止する
25   mic.stop();               // マイクをオフにする
26   btn.html("play");         // ボタンをplayに変更
27   btn.mousePressed(play)
28 }
29
30 function play(){            // 再生
31   sfile.play();             // 録音した音を再生する
32 }
```

　録音、再生には、(1) 録音するためのレコーダー（p5.SoundRecorder オブジェクト）と、(2) 録音したものを（プログラム中に）保存しておく「空」のサウンドファイル（p5.SoundFile オブジェクト）が必要になります。

図9.6●マイクからレコーダーを通してサウンドファイルに保存する

　サウンドファイルは 9.1 節の PlayMusic で loadSound 関数の戻り値で得られるオブジェクトと同じものです。PlayMusic ではファイルから音を読み込むのに使っていたものを、今度はマイクから入力された音の保存に使っています。

　このプログラムは「録音開始」、「録音停止」、「再生」の 3 つの処理が必要になります。ここでは、それらをすべて関数にしてあります。17 行目の record が録音開始、23 行目の stop が録音停止、30 行目の play が録音したものを再生する関数です。

　それではプログラムの処理の流れをみていきましょう。6 行目のマイクの準備は、前のプログラムと同じです。次の 7 行目でレコーダー（rec）、8 行目で録音するサウンドファイル（sfile）を用意しています。9 行目でボタンを作成し、最初は「rec」（録音）というラベルにしておきます。ボタンがクリックされたら実行されるのは先ほどの 17 行目の record 関数です。13 行目は setInput メソッドでレコーダーで使用するマイクを設定しています。その後、14 行目の start メソッドでマイクをオンにしてユーザの操作を待ちます。以下に p5.SoundRecorder 関数と p5.SoundRecorder オブジェクトの持つメソッドを示します。

---

p5.SoundRecorder()

　再生やファイルへの保存のためにサウンドを録音する録音器を作成する。録音される形式は wav 形式。

引数　　なし
戻り値　録音器を管理するオブジェクト（p5.SoundRecorder オブジェクト）

表9.4●p5.SoundRecorderオブジェクトが提供するメソッド

メソッド名	説明
setInput([in])	in に指定した p5.sound オブジェクトからサウンドを録音する。引数なしで呼び出すと全てのサウンドオブジェクトを録音する。
record(soundFile, [duration], [callback])	録音を開始する。録音は、soundFile に指定した p5.SoundFile オブジェクトにされる。duration には録音時間を秒単位で指定し、callback は録音完了時に呼ばれる関数を指定する。この関数は引数をとり、録音された p5.SoundFile オブジェクトが渡される。
stop()	録音を停止する。停止すると録音したデータが record 関数の引数で指定した soundFile に保存される。record 関数でコールバック関数を指定している時は、そのコールバック関数が呼び出される。

　この状態でユーザがボタンをクリックすると record 関数が実行され、18 行目で引数に指定したサウンドファイル sfile に録音されます。録音は、レコーダー（rec）の record メソッドを用います。残りの 19、20 行目は、ボタンのラベルの「stop」（録音停止）への変更と、ボタンクリック時のコールバック関数の stop 関数への変更です。

　23 行目の stop 関数では、レコーダー（rec）の stop メソッドで録音を停止し、先ほどと同様にボタンのラベルを「play」に変え、今度はクリック時に play 関数が実行されるようにしています。

　play 関数は 30 行目で、録音された音声の入っているサウンドファイル（sfile）を play メソッドで再生しています。

　最後に、録音した音をファイルに保存する方法を示します。これは、次の saveSound という関数でどの録音を、どのファイルに保存するかを指定するだけです。

---

saveSound(soundFile, name)

録音した音声をファイルに保存する。

引数　　soundFile　　soundFile オブジェクト。このオブジェクトに録音したデータを保存する。

name　　　　保存するファイルの名前（.wav ファイル）。

戻り値　なし

例えば、このプログラムで再生後に、myVoice.wav というファイルの保存したい場合は、32 行目に以下の 1 行を追加すれば保存できます。

```
30  function play(){ // 再生
31    sfile.play();  // 録音した音を再生する
32    saveSound(soundFile, "myVoice.wav");
33  }
```

9.3 音の生成

最後は簡単にプログラムによる音の生成方法を紹介します。p5.js は任意の周波数の音を生成できるオシレータ（発振器）を提供しています。まずは以下のサンプルプログラムを実行してみてください。音が鳴り出します。

リスト9.8●Oscillatorのsketch.js

```
1  // Oscillator
2  function setup() {
3    let osc = new p5.Oscillator(); // オシレータの作成
4    osc.start();                   // 生成を開始する
5  }
6
7  function draw() {
8
9  }
```

　プログラムではサウンドファイルの読み込みを行っていません。このことからプログラム自身が音を生成していることがわかります。音の生成は 3 行目で用いている p5.Oscillator が行っています。これは、以下のように、周波数と波の形を指定して音を生成できる発振器です。

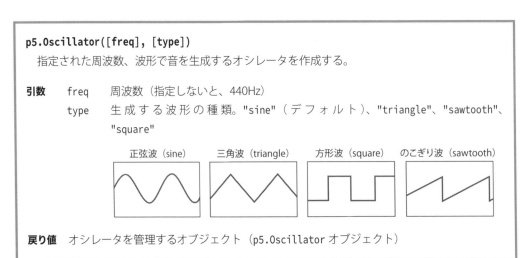

```
p5.Oscillator([freq], [type])
```
　指定された周波数、波形で音を生成するオシレータを作成する。

引数　　freq　　周波数（指定しないと、440Hz）

　　　　　type　　生成する波形の種類。"sine"（デフォルト）、"triangle"、"sawtooth"、"square"

正弦波（sine）　　三角波（triangle）　　方形波（square）　　のこぎり波（sawtooth）

戻り値　オシレータを管理するオブジェクト（p5.Oscillator オブジェクト）

p5.Oscillator オブジェクトには次のようなメソッドがあります。

表9.5●p5.Oscillatorオブジェクトが提供するメソッド

メソッド名	説明
start()	オシレータで生成を開始する。
stop()	オシレータを停止する。
amp(v)	音量を v（0 〜 1.0）に設定する。
freq(f, [time])	f で指定した周波数（Hz）に設定する。f と time を指定すると現在の周波数から、f で指定する周波数まで time 秒で減衰する。

　最後の freq メソッドの使い方を簡単に示します。これは引数を f だけ指定すると現在の周波数をその周波数にしますが、2 つ指定する（f と time）と、現在の周波数から、f という周波数まで t 秒間かけて減衰させます。言葉ではわかりにくいのでサンプルプログラムの RampTime を実行してみてください。以下がプログラムです。

リスト9.9●RampTimeのsketch.js

```
1  // RampTime
2  let osc;
3
4  function setup() {
```

```
 5    osc = new p5.Oscillator(");
 6    background(220);              // クリックする場所をわかりやすくする
 7  }
 8
 9  function mouseClicked() {
10    osc.start();                 // オシレータを開始する
11    osc.amp(mouseX / width);     // マウスのx座標で音量を変える
12    osc.freq(700);               // 700Hzから始める
13    osc.freq(60, 0.7);           // 0.7秒で60Hzへ
14  }
```

　実行すると灰色の描画領域が表示されます。それをクリックすると、シューティングゲームの効果音のような音がします。クリックした場所の x 座標が大きいと音が大きくなります。これは先ほどの amp と freq メソッドで実現しています。11 行目で音量をマウスの位置で変え、12 行目で周波数を 700 Hz に設定して、13 行目で 0.7 秒で 60 Hz まで減衰するように指示しています。こうすることで徐々に周波数の低い音に変えていくことができます。

9.4　まとめ

　本章では、p5.js でサウンドファイルを扱う方法を説明しました。サウンドを扱う機能はこれまでの p5.js とは異なる p5sound.js ライブラリを用いているため若干プログラムの作成方法に違いがありますが、基本的には、関数で必要なオブジェクトを作成しながらプログラムを組み立てていく点は同じです。なお、音に関するより深い知識が必要になるので、本章では説明しませんでしたが、音の再生、録音以外にも、シンセサイザーのように音を合成する機能や、フーリエ変換する機能などさまざまな機能があります。興味のある人は p5.js のサイトなどで調べてみてください。

第10章

人工知能を扱う

　みなさんの中にはこれまでに、写真に写った犬とか猫などの動物の種類を表示するプログラムを見たことがある方も多いのではないでしょうか。写真に写っているものを分類する処理は、これまでの技術では実現が難しいものでした。それが近年、機械学習という人工知能の新しい技術の１つで可能になったのです。本章では、そのような機能を持つプログラムの作成方法を説明します。

　画像に写っているものを分類する処理は「画像分類」と呼ばれ、先ほどの機械学習を用いて実現されています。機械学習とは、その名の通り機械に学習させる手法で、たくさんのデータ（画像など）を機械（コンピュータ）に与え、そのデータの持つ規則性（例えば、犬の画像が共通してもつ規則など）を機械に学習させます。この学習結果を使ってプログラムを作成すると、写真に写っている動物など物体の種類を、学習した規則性から判断（推論）できるようになります。近年、このような学習結果がインターネットなどで公開され手軽に利用できるようになってきました。本章では、そのような学習結果を利用したプログラミング方法を説明し、その後、みなさんがお持ちのデータを用いて機械に学習させる方法を説明します。機械学習というと難しそうですが、利用方法は非常に簡単です。

10.1　ml5.js でできること

　実は、p5.js 自身は、このような機械学習の機能を提供していません。別のライブラリである ml5.js を使用します。ml5.js は、以下の ml5js.org で提供されているライブラリで、先ほど説明した画像分類などを行う学習結果を簡易に利用したり、また、自分のデータでそのような機械学習を行い、独自の学習結果を作成する機能を提供しています。

図10.1●ml5.jsのホームページ（ml5js.org）

　ml5.js で提供されている機能を用いると以下のようなことができます。

（1）画像分類（ImageClassifier）：画像に写っている物体の種類を分類する
（2）姿勢推定（PoseNet）：人間の姿勢や骨格形状を推定する
（3）顔の特徴点検出（FaceApi）：顔の枠、眉毛、目、鼻、口の位置などを検出する
（4）画像のスタイル変換（StyleTransfer）：画像のスタイルを別の画像に変換する
（5）画像のカラー化（Pix2Pix）：線画、あるいはモノクロ画像をカラー画像に変換する
（6）物体検出（ObjectDetector）：画像の中に写っている物体を検出する
（7）機械学習（NeuralNetwork）：データから規則を学習する

　本章では、（1）、（2）、（6）、（7）を扱います。

10.2 機械学習とモデル

　実際のプログラムの説明に入る前に、少し人工知能に関連する用語について説明しましょう。
（1）データセット、（2）ラベル、（3）それらを用いた機械学習、（4）学習の結果得られたモデル、
そして（5）モデルを使った推論、です。ここでは簡単に画像分類を例に説明します。先ほど述べ
たように画像分類とは画像に写っている物体が何かを分類する処理で、犬が写っている写真をコ
ンピュータに見せたら、コンピュータが「犬」と答えるような処理です。

　このような処理は、今日の人工知能ではコンピュータに学習させ得られた学習結果、すなわち、
「モデル」を用います。コンピュータで機械学習を行うプログラムを実行し、それに、犬や猫の写
真と、その写真に写っているものが犬なのか猫なのかを示した「ラベル」（正解）を組にしたもの
を大量に与えると、機械が画像とラベルから犬と猫の画像の見分け方（分類方法）を学習してく
れます。このような画像とラベルからなる大量のデータを「データセット」と言います。こうし
た学習の結果が「モデル」です。この場合は、犬と猫の写真とそれが犬か猫かを示すラベルを与
えて、分類する方法を学習させたので、「犬と猫の画像を分類する」モデルが得られます。

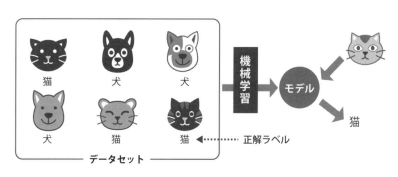

図10.2●データセット、ラベル、機械学習、モデルの関係

　このモデルを使って新しいプログラムを作成し、図の右上にあるようなデータセットには含ま
れない猫の写真を与えて分類させると「猫」という推論結果が得られるのです。このようなモデ
ルは、実際には非常にたくさんの数値（推論を行う際に用いる重みデータ）からなるファイルか
らなります（10.7 節参照）。

10.3 準備

さっそくモデルを使ってみましょう。最初の方で述べたように ml5.js は実際には p5.js とは別の
ライブラリとして提供されているので、index.html に 1 行 ml5.js の読み込み処理の追加が必要に
なります。p5.js Web エディタの場合は、「＞」ボタンを押すと以下のように「＜」となりファイ
ル名が表示されるので、index.html をクリックしてください。編集できるようになります。その
他のエディタでは index.html を読み込んで編集してください。

図10.3●index.htmlの変更

index.html に、以下の太字の部分を追加してください。

```
<!DOCTYPE html>
<html lang="utf8">
  <head>
    <script src="https://cdnjs.cloudflare.com/ajax/libs/p5.js/1.4.0/p5.js"></script>
    <script src="https://cdnjs.cloudflare.com/ajax/libs/p5.js/1.4.0
                                        /addons/p5.sound.min.js"></script>
    <script src="https://unpkg.com/ml5@latest/dist/ml5.min.js"></script>
    <link rel="stylesheet" type="text/css" href="style.css">
    <meta charset="utf-8" />
...
```

これで準備は完了です。後はこれまでと同じように sketch.js を編集するだけなので、sketch.
js をクリックして編集できるようにしておきましょう。ではプログラムを見ていきます。

10.4 画像分類

　まずは、先ほど例に出した画像分類を実現してみましょう。ml5.js では、Google が開発した軽量な MobileNet などのモデルが使用できます。MobileNet のモデルは、1400 万枚の画像を持つ ImageNet のデータセットで学習したもので車、花、犬など 1000 種類の分類ができます。このモデルを用いて写真に写っているものを分類するプログラムを作成します。サンプルプログラムの ImageClassifier を実行してみてください。以下の画像が表示され、しばらくすると推論結果と確信度が表示されます。

図10.4●ImageClassifierの実行結果

　ここで確信度 0.7415…とはインド象という推測結果の確信度が 74% であることを示しています。結果の表示に時間がかかったのは、実行時に MobileNet のモデルをネットワークからダウンロードしているからです。プログラムを以下に示します。

リスト10.1●ImageClassifierのsketch.js

```
1  // ImageClassifier
2  let clf;                              // 分類器
3  let img;                              // 分類する画像
4
5  function preload() {
6    clf = ml5.imageClassifier("MobileNet", modelLoaded); // (1) 分類器の用意
7    img = loadImage("elephant.jpg");          // 画像の読み込み
8  }
```

```
 9
10  function setup() {
11    createCanvas(400, 400);
12    image(img, 0, 0);
13  }
14
15  function modelLoaded() {
16    clf.classify(img, gotResult);          // (2) 画像を分類(推論)する
17  }
18
19  function gotResult(err, r) {              // (3) 推論が終わると実行される
20    if (err) {                             // エラーの表示
21      print(err);
22    } else {            // 結果の表示(半透明な黒い四角形の上に白字で表示する)
23      fill(0, 0, 0, 128);                  // 半分透明な黒
24      noStroke();
25      rect(0, 0, width - 20, 50);          // 四角形の描画
26      fill(255);                           // 文字を白に
27      text("推論結果:" + r[0].label, 10, 20); // 画像上に結果を表示
28      text("確信度:" + r[0].confidence, 10, 40);
29    }
30  }
```

10.4.1 プログラムの処理の流れ

　少し欲張って画像の上に推論結果を表示するようにしたので、プログラムは若干長めですが、基本的な処理は簡単です。ポイントは次の3つです。

(1) 分類器を用意する
(2) 分類器を用いて推論する
(3) 結果を受け取る

　このプログラムでは、5行目の preload 関数の中で、p5.imageClassifier 関数で分類器を作成しています。第1引数にモデルを指定します。この関数の実行時に、MobileNet のモデルがダウンロードされます。第2引数の modelLoaded はモデルが読み込み終わると呼び出されるコールバッ

ク関数です。これまでの章で見た画像やサウンドと同様に読み込みが完了しないと（2）の推論処理に移れません。このため、preload 関数の中で読み込みを行っていますが、それに加えて第2引数で読み込み終了時のコールバック関数も指定しています。これは、ml5.js で読み込みを行うメソッドが preload に（十分に）対応されていないためです[※1]。

---

ml5.imageClassifier(model, [video], [callback])
　model で指定された事前学習済みモデルを読み込む。

引数	model	"MobileNet"、"Darknet"、"Darknet-tiny"、"DoodleNet" など
	video	ビデオの画像を分類する際に指定する（10.4.2 節）
	callback	モデルの読み込みが終わったら実行される関数
戻り値	読み込んだモデルを管理するオブジェクト（ml5.imageClassifier オブジェクト）	

　モデルの読み込みが終わればプログラムに画像に何が写っているかを推論させることができます。これは、読み込み終了時に実行される modelLoaded 関数内の 16 行目で行い、clf（ml5. imageClassifier オブジェクト）の classify メソッドを用います。文字どおり「分類する」という意味のメソッドで、引数は2つあり、分類する画像、分類結果を受け取る関数名（ここでは、19 行目の gotResult）です。この関数はみなさんが定義する関数ですので、名前は何でも構いません。分類処理を終わると ml5.js はこの関数を自動的に呼び出してくれます。

　結果を受け取る gotResult 関数は2つ引数をとります。最初の引数 err は推論時に起きたエラー、2つ目の r は推論結果です。推論結果は、次のようなオブジェクトの配列で返されます。

```
[ { label: 推論結果の文字列, confidence: 確信度 },
    { label: … , confidence; …}, { … } … ]
```

　ここでは、20 行目の print(r); で内容を表示しています。コンソールに [Object, Object, Object] と表示されます。これは r が3つのオブジェクトの配列であることを示し、左側の▶をクリックすると表示を展開することができます。

※1　実際には ml5.ImageClassifier は preload 内で実行すると完了を待つようですが、次の PoseNet はうまくいきません。読み込み終了時のコールバック関数を指定しそこで処理するようにしましょう。

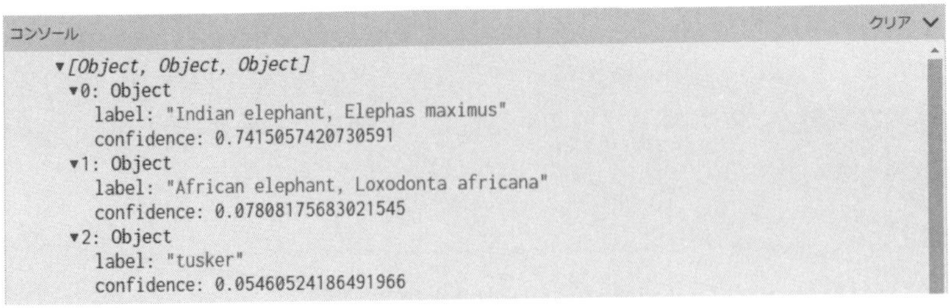

図10.5●推論結果の内容を確認

このように推論結果は 0、1、2 と 3 つあり、物体（動物）の種類を表す label プロパティと確信度を表す confidence プロパティから成ります。確信度を見ると、高い順に配列に格納されています（2 番目の "African elephant" が 0.07 なのは興味深いです）。このため、サンプルプログラムでは、27 行目、28 行目で確信度の最も高い r[0] を表示しています。なお、23 〜 26 行目は図 10.3 の左上のように半透明の黒い四角の上に白で文字を表示するためのもので推論とは関係ありません（黒い四角は、そのまま白字で表示すると写真が白い場合に見えないからです）。

以上でプログラムの説明は終わりです。最後にちょっと推論の速度を体感してみましょう。マウスクリックで推論するようにしてみます。以下をプログラムの最後に追加してください。

```
function mouseClicked(){
  image(img, 0, 0);          // 前の推論結果を消去する
  clf.classify(img, gotResult); // 画像を分類する
}
```

実行後、一度推論結果が表示されてから画像をクリックしてみてください。結果は同じなのでわかりにくいかも知れませんが、今度はすぐに推論結果が表示されたと思います。モデルのダウンロードは最初に 1 回しか行われないからです。

10.4.2　カメラ画像を処理する

画像が処理できれば、動画を処理するのもそれほど大変ではありません。p5.js での動画の処理は第 8 章で説明したので、ここでは、Web カメラに写った物体が何かを表示するようにしてみましょう。ml5.imageClassifier 関数には、カメラから取り込んだ画像をそのまま渡せる引数があります。以下にプログラムを示します。

リスト10.2●ImageClassifierCameraのsketch.js

```
1  // ImageClassifierCamera
2  let clf;                    // 分類器
3
4  function setup() {
5    noCanvas();
6    let camera = createCapture(VIDEO);
7    clf = ml5.imageClassifier("MobileNet", camera, modelLoaded); // 分類器の用意
8  }
9
10 function modelLoaded(){
11   clf.classify(gotResult);    // 画像を分類する
12 }
13
14 function gotResult(err, r) {  // 分類結果
     …
22     text("推論結果:" + r[0].label, 10, 20);
23     text("確信度:" + r[0].confidence, 10, 40);
24     clf.classify(gotResult);  // 次の画像を分類する
25   }
26 }
```

　ほぼ前のプログラムと同じですが、少し異なります。7行目のml5.imageClassifierの第2引数に6行目で得られるカメラ画像を渡しています。リスト10.1ではpreload関数で分類器を用意しましたが、今回は6行目のカメラ画像をそのまま分類器に渡したいのでsetup関数で用意しています。次に異なるのは、モデルが読み込まれた後の処理（11行目）です。これまではclassifyメソッドに対象画像を渡していましたが、7行目でcameraを指定してあるので、ここでは、gotResult関数を指定するだけ大丈夫です。結果は、14行目のgotResult関数で得られます。結果を表示したあと、24行目で再度classifyメソッドを実行することでカメラから取り込まれる画像を順次処理してくれます。なお、実際に動かしてみると、うまく対象物をカメラで捉えないと（背景が一定でその物体しか写っていない）なかなか正しく認識されないので注意してください。これは、ImageClassifierが用いているMobileNetのモデルは画像に1つの物体しかない前提で学習されているためです。

<table>
<tr><td>

10.5 姿勢推定

</td></tr>
</table>

今度は、姿勢推定と体の部位や関節の認識を行ってみましょう。これには PoseNet が使用できます。PoseNet は体の主要な部位や関節の位置を推定することで、画像や動画内の人物の姿勢推定が行えます。例えば、サンプルプログラムの PoseNet を実行すると、PoseNet が検出した部位に丸が表示されます。人の目や鼻、耳などが検出され丸が表示されているのがわかります。

図10.6●PoseNetの実行結果

10.5.1 プログラムの処理の流れ

このような姿勢推定処理は、基本的には、画像分類と同じです。すなわち、（1）推定器を用意する、（2）推定器で姿勢や部位を推定する、（3）推定結果を受け取る、です。

リスト10.3●PoseNetのsketch.js

```
1  // PoseNet
2  let pn;                              // 姿勢推定器
3  let img;                             // 推定する画像
4
5  function preload() {
6    pn = ml5.poseNet(modelLoaded); // (1) 推定器の用意
7    img = loadImage("kao.jpg");     // 画像の読み込み
8  }
```

```
9
10  function setup() {
11    createCanvas(800, 800);
12    image(img, 0, 0);              // 画像を表示する
13  }
14
15  function draw() {
16
17  }
18
19  function modelLoaded() {
20    pn.on("pose", onPose);         // 推定結果が得られたら onPose を実行する
21    pn.singlePose(img);            // (2) 推定器を用いた部位、姿勢の推定
22  }
23
24  function onPose(r) {
25    print(r);                      // (3) 推定結果の表示
26  }
```

これを実行すると、以下のように推定結果が格納された [Object] がコンソールに表示されます（結果を丸で表示するのは 10.5.3 節で説明します）。

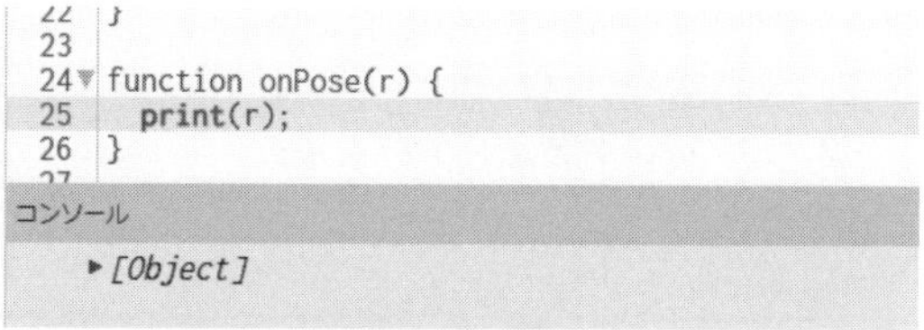

図10.7●推定結果が格納された[Object]が表示される

　ここでは流れをわかりやすくするために print しかしていません。PoseNet の推定結果は複雑なので説明は後にして、まずプログラムの流れを説明します。

　6 行目の preload 関数で ml5.poseNet 関数で推定器を作成しています。画像分類とは異なりモデルが一種類しかないので引数にモデル名は指定していません。モデルはネットワークからダウンロードされます。ImageClassifier と同様に preload 内で実行していますが、ダウンロードが終わったら modelLoaded 関数を呼び出すようにしています。

---

ml5.poseNet([video], [type], [callback])

PoseNet の事前学習済みモデルを読み込む。

引数　　video　　ビデオの画像を分類する際に指定する（10.5.4 節参照）

　　　　　　type　　"single" か "multiple"（デフォルト）

　　　　　　callback　　モデルの読み込みが終わったら実行される関数

戻り値　読み込んだモデルを管理するオブジェクト（ml5.poseNet オブジェクト）

---

ml5.poseNet オブジェクトは次のメソッドを提供しています。

表10.1●ml5.poseNetオブジェクトが提供するメソッド

メソッド名	説明
on(event, callback)	event は "pose" だけが指定可能。推論が終わったら callback に指定された関数が呼び出される
singlePose(input)	input は画像、または動画。単一の姿勢を検出する
multiPose(input)	input は画像、または動画。複数の姿勢を検出する

　modelLoaded 関数は、19 行目にありますが、ImageClassifier のとは処理が少し異なります。PoseNet の場合は、推論が終わったときに呼び出される関数を on メソッドで指定してから（20 行目）、singlePose メソッドの引数に img を渡して実行することで推論を行わせます（21 行目）。PoseNet は推論が終わると、"pose" イベントを発生させます。そうすると on メソッドで指定した onPose 関数が実行されます。これは 24 行目で定義されており、推定結果を受け取る引数（r）を 1 つとります。得られた結果を 25 行目で表示しています。

10.5.2　推論結果のデータ構造

　基本的な処理の流れが理解できたら、推論結果の内容を見てみましょう。PoseNet は、姿勢と体の部位や関節を識別できるので、大きく次の 2 つのデータを「人ごとに」持っています。

- pose：推定結果であるキーポイントの確信度の平均値、キーポイントの位置など
- skeleton：骨格情報（キーポイント間の接続情報）

　実際に見てみると、今回のサンプルプログラムでは次のようなデータが得られています。以下は、図 10.7 の [Object] の左の▶をクリックして展開したものです。いろいろなデータが格納されていることがわかります。

```
10▼ function setup() {
```

コンソール　　　　　　　　　　　　　　　　　　　　　　　　　　クリア ✓

```
▼[Object]
 ▼0: Object
  ▼pose: Object
    score: 0.45833115838468075
   ►keypoints: Array[17]
   ▼nose: Object
     x: 261.92527206955253
     y: 241.91434368920233
     confidence: 0.9990150928497314
   ▼leftEye: Object
     x: 281.8871405338035
     y: 192.76497902480543
     confidence: 0.9988044500350952
   ▼rightEye: Object
     x: 221.92238418044747
     y: 233.4872552893969
     confidence: 0.9953253269195557
   ►leftEar: Object
   ►rightEar: Object
   ►leftShoulder: Object
```

図10.8●推論結果の内容

これを、配列とオブジェクトの形で書くと以下のような構造になります。なお、数値は長いので適当に省略してあります。また、番号とコメントは便宜上つけたものです。

```
1  [
2    {                                          // 一人分の推定結果
3      pose: {                       // 姿勢の推定結果(キーポイントの情報)
4        score: 0.45833115838468075              // 確信度の平均値
5        keypoints: [{ score: 0.999, part: "nose". position: { x: 261, y: 241 }}, …],
                                                 // キーポイントのリスト
6        nose: { x: 261, y: 241, confidence: 0.999 },
                                     // 各キーポイントの位置と確信度（鼻）
7        leftEye: { x: 281, y: 192, confidence: 0.998 },    // 左目
8        rightEye: { x: 221, y: 233, confidence: 0.995 },   // 右目
         …
22       rightAnkle: { x: 240, y: 532, confidence: 0.033 } // 右の足首
23     },
24     skeleton: [                   // 骨格情報(キーポイントの接続情報)
25       [{ score: 0.986, part: "leftShoulder", position: { x: 439, y: 355 }},
        { score: 0.983, part: "rightShoulder", position: { x: 209, y: 344 }}],
                                     // キーポイントの接続情報(2つのキーポイントの組)
26     ],
27   },
28 ];
```

先ほど説明したように、大きく 3 行目〜 23 行目の pose プロパティと 24 行目〜 26 行目の skeleton プロパティの 2 つからなっていることがわかります。これをまとめた 2 行目〜 27 行目が 1 人分の推定結果です。PoseNet に複数人を推定させると、以下のようにこのオブジェクトがその人数分続きます。このため一番外側に [と] があり配列になっているのです。

```
[ { pose: … , skeleton: …}, { pose: …, skeleton: …}, … { pose: … , skeleton: …}]
```

複雑そうに見えるのは、PoseNet が推定するのは 17 個のキーポイントの位置だけなのですが、得られた結果をプログラムで使いやすいように加工し、重複した形で 1 つのオブジェクトに納めているからです。PoseNet は、以下の 17 箇所のキーポイントの位置を推定し、その位置と推定結果に関する確信度（0.0 〜 1.0）が得られます。

表10.2●PoseNetの検出するキーポイント

ID	部位	ID	部位	ID	部位	ID	部位
0	鼻	5	左肩	10	右手首	15	左足首
1	左目	6	右肩	11	左腰	16	右足首
2	右目	7	左ひじ	12	右腰		
3	左耳	8	右ひじ	13	左ひざ		
4	右耳	9	左手首	14	右ひざ		

図にすると以下のようになります。

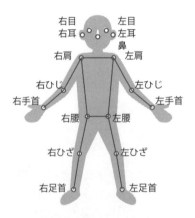

図10.9●PoseNetのキーポイント

ここで最も基本となる 17 個のキーボードを格納しているのが、pose プロパティの 5 行目の keypoints プロパティです。

```
keypoints: [{ score: 0.999, part: "nose". position: { x: 261, y: 241 }}, ...],
                                                    // キーポイント
```

keypoints プロパティの配列の中に、オブジェクト形式でそれぞれの部位（part）の名前、位置（position）、その推定の確信度（score）の組が 17 個入っています。これ以外のデータは、このデータを加工したものです。4 行目の score プロパティは、keypoints の全 score の平均値で、推論結果全体の確信度がわかります。その後の 6 〜 22 行目は、keypoints の各キーポイント名をプロパティとして、その位置と確信度をオブジェクトとして持っているものが列挙されているだけです。

24 行目からのキーポイントの接続情報（skeleton）は、どのキーポイントとどのキーポイントが接続されているかを示しています。25 行目を見ると、leftShoulder（左肩）と rightShoulder（右肩）が組になっていることから、今回の写真では、左肩と右肩が接続されることがわかります。

10.5.3 推定結果を可視化する

データ構造がわかったので結果を可視化してみましょう。キーポイントの位置に円を描画してみます。PoseNet から結果を受け取る 24 行目の onPose 関数に drawPoints 関数を追加します。これは、キーポイントの場所に円を描画する関数で、29 行目で定義されています。

```
24  function onPose(r) {
25    print(r);
26    drawKeypoints(r);                   // キーポイントに円を描画する
27  }
28
29  function drawKeypoints(r) {
30    for (let i = 0; i < r.length; i++) {        // 検出された人数分処理する
31      let pose = r[i].pose;                     // キーポイント情報の取り出し
32      for (let j = 0; j < pose.keypoints.length; j++) {   // 個数分処理する
33        let kp = pose.keypoints[j];             // 個々のキーポイントの取り出し
34        if (kp.score > 0.5) {                   // 確信度のチェック
35          ellipse(kp.position.x, kp.position.y, 8, 8);   // 円の描画
36        }
37      }
38    }
39  }
```

　この関数は、先ほどのデータ構造に沿って円を描画しているだけです。30 行目で得られた人数分のデータを処理するため、配列 r の長さ（r.length）分、for 文を回しています。31 行目で、各要素の pose プロパティを取り出し pose 変数に代入し、32 行目で keypoints 配列が持つキーポイントの個数分 for 文を回しています。33 行目は keypoints 配列から 1 つずつキーポイントデータを取り出し kp 変数に代入し、34 行目で確信度の高いものだけを 35 行目で表示しています。0.5 という値は適当に調整されて構いません。

　残りの skeleton プロパティが持つキーポイントの接続情報を線で描画するのは簡単です。以下にプログラムを示します。a、b に接続する 2 点を取り出し、line 関数で線を引いています。

```
function drawSkeleton(r) {
  for (let i = 0; i < r.length; i += 1) {
    let skeleton = r[i].skeleton;
    for (let j = 0; j < skeleton.length; j += 1) {
      let a = skeleton[j][0]; // 線を結ぶ部分を取り出す
      let b = skeleton[j][1];
      line(a.position.x, a.position.y, b.position.x, b.position.y);
    }
  }
}
```

　サンプルプログラムの PoseNetSkeleton を実行すると以下のように表示されます。

図10.10●PoseNetSkeletonの実行結果

　この写真では、両肩と肘、右手首が線で結ばれていることがわかります。

10.5.4 カメラ画像を処理する

PoseNet を動画に対して使ってみましょう。ml5.poseNet も ml5.imageClassifier と同様に camera を引数にとれます。以下にプログラムを示します。

リスト10.4●PoseNetCameraのsketch.js

```
 1  // PoseNetCamera
 2  let pn;                              // 姿勢推定器
 3  let camera;                          // カメラ
 4
 5  function setup() {
 6    createCanvas(640, 480);
 7    camera = createCapture(VIDEO);
 8    pn = ml5.poseNet(camera, modelLoaded);  // (1) 推定器の用意
 9    camera.hide();                     // 描画領域に表示するので隠す
10  }
11
12  function draw() {
13
14  }
15
16  function modelLoaded() {
17    pn.on("pose", onPose);
18  }
19
20  function onPose(r) {
21    image(camera, 0, 0, width, height);   // カメラ画像の表示
22    drawKeypoints(r);                     // キーポイントの描画
23    drawSkeleton(r);                      // 骨格の描画
24  }
    ...
```

ご覧のように8行目でcameraを指定してml5.poseNetを作成しています。あとはいちいちsinglePoseメソッドを呼び出す必要はありません。カメラからの画像に対して、順次 "pose" イベントが発生するので、17行目で "pose" イベントに対して onPose 関数が実行されるようにして、その関数内で画像の表示、キーポイント、骨格を表示するだけです。

<table>
</table>

10.6	**物体検出**

　モデルを利用したプログラムの最後は、物体検出です。10.4 節の画像分類は画像に 1 つの物体が写っているものとして分類するものでしたが、物体検出は、複数物体が写っている場合にそれぞれを検出でき、その種類とどこに写っているか教えてくれます。プログラムはこれまでのものとほぼ同じなので、まずは実行結果とプログラムを見てみましょう。

プレビュー

図10.11●ObjectDetectionの実行結果

　実行結果からわかるように、2 人の人間（human）と鉢植えの植物（potted plant）が検出されています。赤枠は検出された場所（バウンディングボックス）を示します。

リスト10.4●ObjectDetectionのsketch.js

```
1  // ObjectDetection
2  let img; // 物体検出の対象とする画像
3
4  function preload() {
5    img = loadImage("pose.jpg");
6    let od = ml5.objectDetector("cocossd", () => { // 物体検出器の作成
7      od.detect(img, gotResult); // モデルが読み込めたら物体検出を行う
8    });
9  }
10
11 function setup() {
```

```
12    createCanvas(img.width, img.height);
13    image(img, 0, 0);
14  }
15
16  function draw() { }
17
18  function gotResult(err, r) {
19    if (err) {
20      print(err);
21    } else {
22      for (let i = 0; i < r.length; i++) { // 検出された物体の個数分for文で処理する
23        noStroke();
24        fill(255, 0, 0);
25        text(r[i].label, r[i].x, r[i].y - 5); // ラベルの表示
26        noFill();
27        stroke(255, 0, 0);
28        rect(r[i].x, r[i].y, r[i].width, r[i].height); // 四角形の表示
29      }
30    }
31  }
```

　プログラムはこれまでと同様に、6行目で物体検出器を作成し、18行目のgotResult関数で結果を表示しているだけです。ml5.objectDetector関数はml5.imageClassifierと同様に引数を2つとり、第1引数がモデル（"cocossd", "yolo"）、第2引数がモデルが読み込み終わった時に実行される関数です。ここでは、6.9節で説明した無名関数を使ってみました。その中でdetectメソッドで物体認識をさせています。

　18行目のgotResult関数の第2引数が結果であるのもこれまでと同じです。結果（r）は、以下のような検出された物体ごとのオブジェクトの配列です。x、yは画像の左上を原点としたときの座標で、物体を囲む四角形の左上の座標を表し、width、heightはその幅と高さです。これは、rect関数の引数と同じなので28行目でそのままrect関数に渡して四角を描画しています。

```
[ { label: 推論結果, confidence: 確信度, x: x座標, y: y座標, width: 幅, height: 高さ},
  { label: …, confidence: …, x; …, y: …, width: …, height: …},
  { … } … ]
```

　なお、このプログラムをカメラに対応させたものは、本書のサンプルプログラムObject DetectionCameraを参照してください。

10.7 図形を分類するモデルを作成する

　最後に簡単にオリジナルのモデルの作成方法を説明しましょう。これまでのプログラムは既存のモデルを利用しているだけなのでその制約内でしか推論させることができません。ここでは、オリジナルの画像分類を行うモデルを作成してみます。次の、手書きの○、×、△を分類できるモデルを作成してみましょう。なお、みなさんが画像分類器用のモデルを作成できるようになることを目標とするのでここでは機械学習のアルゴリズムの詳しい説明については触れません。他の機械学習に関する本などを参照してください[※2]。

図10.12●対象とする図形

　図 10.2 で説明したように、モデルは、大量のデータセットを機械学習のプログラムに与え学習させることで作成できます。つまり、上記のような○、×、△を手で書いた画像とそれぞれが何を表すかラベルを組にしたもの（データセット）がたくさんあればよいのです。今回は、それぞれの手書き画像を 100 枚ずつ用意しました(サンプルプログラム NN の data フォルダにあります)。その一部を図 10.13 に示します。みなさんが自分のデータで分類器（モデル）を作成する場合にもやることはこれだけです。

[※2]　拙書「Python ライブラリの使い方—簡単に応用プログラミング」（カットシステム、2019年）の第 12、13 章などを参照してください。

図10.13●訓練用の画像

　これらのファイルはプログラムで読み込みやすいようにファイル名は、○は m0.png ～ m99.png、×は b0 ～ b99.png、△は s0 ～ s99.png というように規則的につけてあります。

10.7.1　機械学習するプログラム

機械学習プログラムは画像分類に関してはほぼ同じものが使え、やることは以下の5つです。

（1）訓練用の画像を配列に読み込む
（2）ニューラルネットワークを用意する
（3）ニューラルネットワークに画像とラベルを与える
（4）訓練する
（5）その結果得られたモデルを保存する

プログラムを以下に示します。3種類の図形を対象にしたので少し長いです。

リスト10.5●NNのsketch.js

```
1  // NN
2  let maru = []; let batsu = [];let sankaku = []; // ○の画像、×の画像、△の画像
3
4  let nn;                                         // ニューラルネットワーク
```

```
5
6   function preload() {                              // (1) 訓練画像を配列に読み込む
7     for (let i = 0; i < 100; i++) {
8       maru[i] = loadImage("data/m" + i + ".png");
9       batsu[i] = loadImage("data/b" + i + ".png");
10      sankaku[i] = loadImage("data/s" + i + ".png");
11    }
12  }
13
14  function setup() {
15    let options = {
16      inputs: [64, 64, 4],                          // 画像のサイズ
17      task: "imageClassification",                  // 画像分類を行わせる
18      debug: true                                   // デバッグ情報を表示する
19    };
20    nn = ml5.neuralNetwork(options);      // (2) ニューラルネットワークの作成
21
22    for (let i = 0; i < maru.length; i++) {      // (3) データセットを与える
23      nn.addData({ image: maru[i] }, { label: "丸" });
24      nn.addData({ image: batsu[i] }, { label: "バツ" });
25      nn.addData({ image: sankaku[i] }, { label: "三角" });
26    }
27    nn.normalizeData();                           // データの正規化
28    nn.train({ epochs: 50 }, done);      // (4) モデルをデータセットで訓練する
29  }
30
31  function done() {
32    print("学習終了");
33    nn.save();                                    // (5) モデルを保存する
34  }
```

　プログラムのコメントに先ほどの（1）〜（5）の番号を書いておきました。まず、（1）6行目のpreloadでデータセットの画像を全部配列に読み込んでいます。ファイル名に規則性があるのでfor文で簡単に読み込めます。読み込み終わると、setupが実行されるので、（2）20行目でニューラルネットワークを作成しています。ニューラルネットワークは機械学習に用いられるアルゴリズムの1つで、画像分類、回帰処理などいろいろなタスクで使えます。ここでは画像分類に使うので17行目で "imageClassification" を指定しています。

　15行目のoptionsはこのニューラルネットワークに指定する情報です。16行目のinputsはデータセットで用いる画像のサイズです（今回は、64 × 64）。最後の4は各画像がRGBA、4つのデー

タから構成されることを教えています。17 行目の task は先ほどの行わせたいタスクの指定です。最後の debug は、訓練状況を表示させるためのもので必須ではありません（実行したらわかります）。これらを 20 行目で渡してニューラルネットワークを作成すれば学習アルゴリズムの準備は完了です。

　（3）22 行目は、読み込んだデータをニューラルネットワークに渡し学習できるようにしています。これは addData メソッドで行い、第 1 引数に画像、第 2 引数にラベル（「丸」、「バツ」、「三角」）を渡しています。これで、画像とラベルの組、すなわちデータセットをすべて渡すことができました。27 行目の normalize メソッドは学習を効率よく行わせるためのデータの正規化を行っています。機械学習はデータが 0 〜 1 の値だと効率的に学習できるので正規化処理として画像のピクセル値である 0 〜 255 を 0 〜 1 に変換しています。あとは、（4）28 行目の train メソッドで訓練するだけです。訓練が終わると第 2 引数で指定した関数（この場合は、done）が実行されます。ここでは、done は 31 行目にあり、（5）33 行目の save メソッドで今回の訓練で得られたモデルを保存しているだけです。これで訓練が終わり、モデルが得られました。

　概要がわかったところで実行してみましょう。画像の読み込みに時間がかかるので注意してください。実行すると 18 行目で指定したデバッグ情報が表示されます（図 10.14）。これは訓練の進捗を示しており中央のグラフの値が小さくなればなるほどモデルの性能が向上していることを示しています。その下にはニューラルネットワークの階層構造が表示されています。

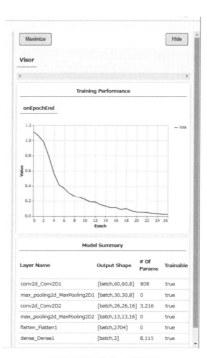

図10.14●デバッグ情報

実行が終わるとモデルを格納した以下の 3 つのファイルが保存されます。

表10.3●生成されるモデル

ファイル名	内容
model.json	訓練に使用したモデルに関する情報
model_meta.json	画像サイズ、ラベルなどのメタデータ
model.weights.bin	訓練で得られた重みなどの情報

　これが機械学習で得られるモデルの正体です。単なるファイルなのでがっかりされたかもしれません。json ファイルはテキストファイルなので中を見ることができます。後は、これまでと同様にこのモデルをプログラムに読み込んで新しい画像を分類させるだけです。

10.7.2　作成したモデルを利用する

　サンプルプログラムではテスト用の画像として m100.png、b100.png、s100.png を用意してあります。ここでは b100.png（○）を用いていますが、みなさんがペイントなどで描かれたものを用いられても構いません。その場合は、訓練データの画像は幅と高さが同じ（64 × 64）ものを用いたので、幅・高さを同じ（例えば、100 × 100 など）にして保存してください。

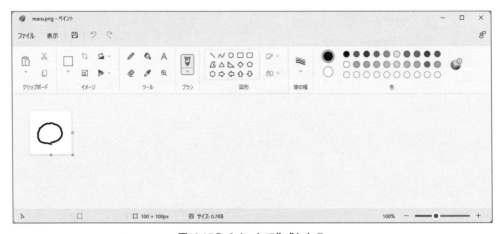

図10.15●ペイントで作成した○

　ここでは maru.png として保存しています。p5.js Web エディタを使われている方はアップロードを忘れないでください（7.1 節参照）。サンプルプログラムの m100.png を maru.png に書き直してください。サンプルプログラム Predict と実行結果を以下に示します。実行すると以下のようにコンソールに表示されます。正しく認識でき、99% の高い確信度であることがわかります。

リスト10.6●Predictのsketch.js

```
1  // Predict
2  let clf;                              // 分類器
3  let img;                              // 分類する画像
4
5  function preload(){
6    img = loadImage("b100.png"); // 分類したい画像を読み込む（maru.pngでもよい）
7  }
8
9  function setup() {
10   image(img, 0, 0);                   // 画像を表示する
11   img.resize(64, 64);                 // 訓練に使った画像のサイズにする
12
13   let options = {
14     task: "imageClassification",      // 画像分類
15   };
16   clf = ml5.neuralNetwork(options);   // ニューラルネットワークの作成
17
18   let model = {
19     model: "model.json",
20     metadata: "model_meta.json",
21     weights: "model.weights.bin",
22   };
23   clf.load(model, modelLoaded);       // モデルを読み込む
24 }
25
26 function modelLoaded() {
27   clf.classify({ image: img, }, gotResults); // 画像を分類させる
28 }
29
30 function gotResults(err, r) { // 結果の表示
31 if (err) {
32   print(err);
33   } else {
34     print("推論結果: ", r[0].label);        // ラベルの表示
35     print("確信度:", r [0].confidence);     // 確信度の表示
36   }
37 }
```

> コンソール
>
> 推論結果: 丸
> 確信度: 0.9965631365776062

　ちょっと長いですが、やっていることはこれまで同様にモデルの読み込みとそれを用いた推論（分類）です。5行目のpreload関数では対象となる画像を読み込んでいます。読み込み終わると実行されるsetupで、対象となる画像をデータセットの画像と同じ大きさにし、先ほどと同じようにニューラルネットワークを用意します（16行目）。ここではoptionは行わせるタスクだけを指定します（14行目）。それ以外の画像サイズなどは、モデル（model_meta.jsonファイル）に保存されているので必要ありません。モデルを読み込んでいるのが23行目です。その前の18～22行目で読み込むべきモデルが格納されたファイル名を指定し、23行目のloadメソッドに渡しています。loadメソッドの第2引数はモデルの読み込みが終わった時点で実行されるコールバック関数（modelLoaded）です。

　モデルの読み込みが終わると分類処理が行えます（27行目）。10.4.1節で用いたImageClassifierのclassifyメソッドとは少し異なり、第1引数がオブジェクトになっていますが[3]、推論結果が得られると、第2引数のgotResults関数が実行され、その関数の引数にエラー（err）と推論結果（r）が渡されるのはこれまでと同じです。結果のデータ構造はp5.ImageClassifierと同じです。ここではprintで表示するだけにしています。

　以上で、モデルの作成とそれを用いた推論プログラムの説明はおしまいです。このように、みなさんがオリジナルの画像分類器を作成するには、分類したい画像を集めるだけでよいのです。最初に見たMobileNetのモデルも基本的には動物や花、自動車などの画像などを大量に与え同様の方法で訓練されたものです。今回は分類しやすい画像を用いたので高い精度が出ましたが、精度が出ない場合は、使用するニューラルネットワークのアルゴリズムを変えたり、ネットワークの構造やパラメータを変えたりする必要があります。

10.7.3　カメラ画像を処理する

　最後にカメラから取り込んだ画像を推論させてみましょう。結果を以下に示します。

図10.16●PredictCameraの実行結果

※3　実際にはImageClassifierのclassifyメソッドは内部でオブジェクトに直しています。

　ポイントはカメラから画像を取り出し、データセットの画像のサイズにリサイズして classify メソッドに渡す部分だけです。以下にプログラムを示します。

リスト10.7●PredictCameraのsketch.js

```
 1  // PredictCamera
 2  let clf;                                // 分類器
 3  let camera;                             // カメラ
 4  let label, conf;                        // ラベル、確信度
 5
 6  function setup() {
 7    createCanvas(180, 180);
 8    camera = createCapture(VIDEO);        // カメラを用意
 9    camera.hide();
    ...
14    clf = ml5.neuralNetwork(options);     // NNの作成
    ...
21    clf.load(model, classifyCamera);      // モデルを読み込む
22  }
23
24  function classifyCamera() {             // カメラの準備ができたら分類する
25    let img = camera.get(0, 0, width, height); // 画像を取り出す
26    img.resize(64, 64);                   // 訓練に使ったサイズにリサイズする
27    img.filter(THESHOLD, 0.5);            // 2値化する
28    clf.classify({ image: img }, gotResults); // 分類する
29  }
30
31  function gotResults(err, r) {           // 結果の表示
32    if (err) {
      ...
35    }
36    label = r[0].label;                   // ラベル（drawで表示するため）
37    conf = r[0].confidence;               // 確信度（drawで表示するため）
38    classifyCamera();
39  }
40
41  function draw(){
42    image(camera, 0, 0);
43    fill(0, 0, 0, 128);                   // 半分透明な黒
44    noStroke();
45    rect(0, 0, width, 30);                // 四角形の描画
```

```
46    fill(255);
47    text("推論結果: " + label, 10, 20);
48    text("確信度: " + round(conf, 3), 10, 40);
49  }
```

　8 行目からはカメラの準備です。前の Predict との違いは、21 行目で modelLoaded の代わりにカメラからの画像を分類する classifyCamera が実行されるようになっていることです。これは 24 行目で定義されており、25 行目で動画処理で使った get メソッドを用いて画像を img に取り出し、26 行目で 64 × 64 のサイズに変形し、2 値化し、28 行目で前のプログラムと同じように classify メソッドに渡しています[※4]。結果は gotResult に渡されます。後は連続して認識されるように 31 行目の gotResult 関数の最後の 37 行目で再度 classifyCamera 関数が実行されるようにしています。draw 関数の 43 〜 48 行目はリスト 10.1 の ImageClassifier で予測結果を表示した部分をそのまま使っています。48 行目の round は小数点以下 3 桁にする関数です。

　実際に動かしてみると、学習時に用いた画像が白地に○、×、△を描いたものだったので、白い紙に○を書き、その紙がカメラ一杯に写り背景が写らないようにすると認識されやすくなります。よりロバストにする場合は、背景付の画像で機械学習するか、画像の中から白い紙の部分を取りだし正面に向くように座標変換して[※5]classify メソッドに渡すなど事前になんらかの画像処理を行う必要があるでしょう。

10.8　まとめ

　本章では、ml5.js を使うことで p5.js に一種の知能を持たせるプログラムの作成方法について説明しました。ここでは、すでに大量のデータを機械学習することで得られた事前学習済みのモデルを使用する方法を画像分類、姿勢推定、物体検出の 3 つで説明し、最後にオリジナルのモデルを作成する方法を説明しました。モデルの作成は、画像分類を扱いましたが、この他にも回帰モデルを作成したり、事前学習済みのモデルを用いた転移学習を行う機能などがサポートされています。

※ 4　get メソッドで width、height を指定しているのは、カメラからの画像の縦横比は 1 対 1 ではないため、そのまま使うと訓練で用いた画像の縦横比と異なるからです。このため、1 対 1 になるように画像を切り出しています。引数なしで get() して reize(64, 64) とすると横が縮まってしまいます。

※ 5　拙書「HTML5+JavaScript による画像・動画像処理入門」(カットシステム) の第 10 章などを参照してください。

付 録

付録 A カラーモード

p5.js では何も設定しないと RGB モードとなりますが、もう 1 つのカラーモードである HSB があります。カラーモードの変更は colorMode 関数で行います。カラーモードが変わると、color 関数、fill 関数、stroke 関数などの引数の意味が変わります。

---

colorMode(mode, max1, max2, max3, maxA)
z カラーモードを切り替える。p5.js では、カラーモードによらず、すべての色の値の範囲は 0 ～ 255 になっており、2 番目以降の値は、この範囲を変更する。

引数	mode	RGB、または、HSB
	max1	赤の範囲、または、色相の範囲。
		この引数しか指定されない場合は max2 ～ maxA にこの値を指定したのと同じ
	max2	緑の範囲、または彩度の範囲
	max3	青の範囲、または明度の範囲
	maxA	透明度の範囲
戻り値	なし	

　HSBモードの説明の前にRGBモードと共通の意味を持つ max1 ～ maxA について説明します。3.4.2
節では、RGBの値を0～255で指定しましたが、これを0～100の範囲で行いたいとします。
その場合には、以下のようにします。

```
colorMode(RGB, 100);
```

　こうすると R、G、B、A すべての値を0～100で指定できます。すなわち、colorMode(RGB,
100, 100, 100, 100); と書いたのと同じです。これにより、例えば、赤は次のように書けます。
これは HSB モードで役に立ちます。

```
colorMode(RGB, 100);
fill(100, 0, 0);
```

　では、HSB モードについて説明しましょう。colorMode 関数の第1引数に HSB を指定して実行
すると、カラーモードが切り替わります。HSB モードでは、色を RGBA ではなく、色相、彩度、
明度の3つで指定します。

（1）色相（hue）― 色の種類（例えば赤、青、黄色）。0～360 の範囲。
（2）彩度（saturation）― 色の鮮やかさ。0～100% の範囲。色の彩度の値が小さくなると、灰
　　　色が強くなり、くすんだ色になる。
（3）明度（brightness）― 色の明るさ。0～100% の範囲。

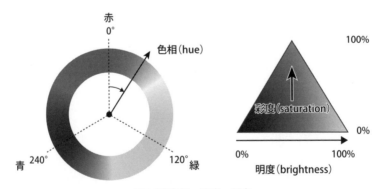

図A.1●色相、彩度、明度

　HSB モードでは、まず、色の種類（色相）を図 A.1 の左の図の色の環（色環と言います）の中
心からの角度で指定します（0°が赤、120°が緑、240°が青）。この色相の色に対して、右の彩度

と明度を指定します。彩度、明度はそれぞれ 0 〜 100 までの値で指定します。RGB モードとは異なり、色を選んでから、その鮮やかさ、明るさを指定できるので直感的に色を扱えます。また、画像処理などであるピクセルが何色か調べたいときに、RGB では 3 つの値を調べる必要があるのに対して、HSB では 1 つの値、色環の値（0 〜 360）を教えてくれるので 1 つの値を調べるだけで判断できます。

　ここで注意が必要です。先ほどの colorMode 関数の説明で書いたように、p5.js ではカラーモードによらず「すべての値は 0 〜 255 の範囲」を持ちます。しかし、上記の HSB では、色相は 0 〜 360、彩度は 0 〜 100、明度は 0 〜 100 となっており 0 〜 255 ではありません。これは、うまくありません。colorMode 関数の max1 〜 maxA を使って次のようにするとうまく解決できます。

```
colorMode(HSB, 360, 100, 100, 1);
```

　これで、値の範囲は上記の説明と同じになります。この設定で青は次のように表せます。

```
colorMode(HSB, 360, 100, 100, 1);
fill(240, 100, 100); // 第1引数が色相、第2引数が彩度、第3引数が明度
```

　このように HSB モードでは、fill 関数などの色を指定する引数の意味が RGB モードと変わってきます。fill 関数を例に簡単に違いを示します。

- fill(v1, v2, v3,);　引数を 3 つとる場合（HSB カラー）
  v1 が色相、v2 が彩度、v3 が明度となる
- fill(v1, v2, v3, a);引数を 4 つとる場合（HSB カラー）
  上記に加えて、4 番目の a は透明度
- fill(v1);　v1 しか指定しない場合
  色相（数値）、または、color 関数で作成した色（Color オブジェクト）、配列のいずれかとなる。数値（色相）を指定した場合、残りの彩度、明度は最大値となる。

　HSB モードのサンプルプログラムとして、次のような色帯を作成してみましょう。HSB は簡単に色を段階的に変えられるのでこのような色帯を簡単に作ることができます。

プレビュー

図A.2●HSBの実行結果

プログラムを以下に示します。

リストA.1●HSBのsketch.js

```
1  // HSB
2  function setup() {
3    createCanvas(360, 50);        // 横幅360、高さ50の描画領域を作成する
4    colorMode(HSB, 360, 100, 100); // HSBモードへ切り替える
5
6    for (let x = 0; x < 360; x++) {
7      stroke(x, 100, 100);        // 色相だけ変える
8      line(x, 10, x, 40);         // その色で線を描画する
9    }
10 }
11
12 function draw() {
   ...
```

　ご覧のように、4行目でカラーモードをHSBに切り替えて、6行目のfor文でxを0〜359まで1刻みで変えています。このxを7行目のstroke関数の第1引数に指定して、線の色の色相を0〜359まで変化させて線を引くことで色帯が実現できます。

付録 B　OpenType フォントを用いる

　Open Type フォントはマイクロソフト社とアドビ社が共同で開発したフォントで、ブラウザではサポートされていないさまざまなフォントがあり p5.js で利用できます。これらのフォントを用いる場合は、事前にフォントファイルを loadFont 関数で読み込んでおく必要があります。

---

loadFont(path)

　ファイルや URL から Open Type フォントを読み込む。通常は preload 関数内で用いる。

引数　　path　　ファイル名、または、URL
戻り値　読み込んだフォントを管理するオブジェクト（p5.Font オブジェクト）

　読み込みが終わったら、それを textFont 関数で指定するだけです。例えば、以下は、Frontie.ttf という名前のフォントを読み込んで表示するプログラムです[1]。ここではフォントファイルは index.html と同じフォルダにおかれているとします。プログラムと実行結果を以下に示します。

リストB.1●LoadFontのsketch.js

```
 1  // LoadFont
 2  let font;                      // 読み込んだフォントを管理する変数
 3
 4  function preload() {
 5    font = loadFont("Fontie.ttf"); // フォントを読み込む
 6  }
 7
 8  function setup() {
 9    createCanvas(400, 50);
10    textSize(25);
11    textFont(font);              // 読み込んだフォントを設定する
12    text("There is always a better way !", 5, 50); // 文字列を描画する
13  }
14
15  function draw() {
   ...
```

※ 1　https://fontmeme.com/jfont/fontie-font/ などからダウンロードできます。

　5 行目でフォントを読み込み、11 行目で、使用するフォントを textFont 関数で設定しています。loadFont 関数は、写真などの読み込みと同様に preload 関数内で実行している点に注意してください。

付録 C　描画属性、座標変換の保存と復元

3.4 節でも説明したように、描画属性は、一度設定するとそれ以降の描画すべてに影響を与えます。例えば、一度塗りつぶしの色を設定すると、その後描画した図形はすべてその色で塗りつぶされてしまいます。これだと不便な場合があります。このようなときに便利なのが push 関数、pop 関数です。これらの関数を用いると棚にものを置いておくように描画属性を一時的に保存したり、もとに戻したりすることができます。

C.1　push、pop 関数とサンプルプログラム

最初に簡単な例を示します。以下にサンプルプログラムと実行結果を示します。中央の丸だけを灰色で描画するものです。

リストC.1●PushPopのsketch.js

```
1  // PushPop
2  function setup() {
3    ellipse(50, 20, 30, 30);
4    push();        // 描画属性を保存する
5    fill(128);
6    ellipse(50, 50, 30, 30);
7    pop();         // 保存した描画属性に戻す
8    ellipse(50, 80, 30, 30);
9  }
10
11 function draw() {
   ...
```

プレビュー

5 行目で塗りつぶしの色を灰色に変更しているので、6 行目の丸が灰色で描画されますが、最後の 8 行目の丸は白で塗りつぶされます。これは、4 行目の push 関数で、それまでの描画属性（塗りつぶしの色が白）を保存し、5 行目の fill 関数で灰色に変更し円を描画した後で、7 行目の pop 関数で保存した属性（塗りつぶしの色が白）に戻しているからです。

---

push()

現在の描画属性と座標変換に関する情報を保存する。pop 関数で戻す。

戻り値 なし

---

pop()

push 関数で保存した描画属性と座標変換を元に戻す。

戻り値 なし

描画属性は、次の関数で設定されるものが保存されます。fill()、stroke()、tint()、strokeWeight()、strokeCap()、strokeJoin()、imageMode()、rectMode()、ellipseMode()、colorMode()、textAlign()、textFont()、textMode()、textSize()、textLeading()、translate()、rotate()、scale()。

C.2　座標変換を保存する

この push、pop 関数は、座標変換を用いた描画で力を発揮します。3.7.1 節で紹介したクリオネを描画するプログラムを関数にして複数個クリオネを描画してみます。単純に書くと次のようになります。

リストC.2●DrawClioneFunctionのsketch.js

```
1  // DrawClioneFunction
2  function setup() {
3    drawClione(50, 50);    // (50, 50)の位置にクリオネを表示
4    drawClione(20, 20);    // (20, 20)の位置にクリオネを表示
5  }
6
7  function draw() {
8
9  }
10
11  function drawClione(x, y) {
12    translate(x, y);       // 座標系を平行移動する
```

```
13
14    noStroke();              // 輪郭線を描画しない
15    fill(180, 180, 255);  // 色の指定
16    ellipse(0, 0, 25, 20);
      …
24    ellipse(0, 0, 15, 13);
25    ellipse(0,  20, 13, 27);
26  }
```

　これは、3 行目で (50, 50) のクリオネを描画し、4 行目で (20, 20) の位置、すなわち、(50, 50) より左上にもう 1 つクリオネを描画することを意図していますが、実際に実行すると次のようになってしまいます。

プレビュー

図C.1●DrawClioneFunctionの実行結果

　つまり、2 匹目が右下に表示されてしまうのです。これは、3 行目の drawClione 関数の中で実行されている translate 関数が、4 行目の drawClione 関数での描画に影響しているためで、以下と同じことになってしまっています。最初に原点を (50, 50) に移し、移動後の座標でさらに (20, 20)、つまり、最初の座標系から見ると原点を (70, 70) に移していることになるからです。

```
translate(50, 50);
translate(20, 20);
```

　このため、2 匹目のクリオネが右下に表示されてしまいます。これは、以下のようにそれぞれのクリオネの描画の前で座標変換を保存して、描画後に戻すことで解決します。

```
1  // DrawClioneFunction
2  function setup() {
```

```
3    drawClione(50, 50);   // (50, 50)の位置にクリオネを表示
4    drawClione(20, 20);   // (20, 20)の位置にクリオネを表示
5  }
   …
11 function drawClione(x, y) {
12   push();               // 座標変換を保存する
13   translate(x, y);      // 座標系を平行移動する
14
15   noStroke();           // 輪郭線を描画しない
16   fill(180, 180, 255);  // 色の指定
     …
27   ellipse(0,  20, 13, 27);
28   pop();                // 座標変換を元に戻す
29 }
```

プレビュー

今度は、正しい位置にクリオネが描画されました。

C.3 push、pop 関数を多段に使用する

push、pop 関数は多段で使用可能です。以下にサンプルプログラムと実行結果を示します。

リストC.3●TwoPushPopのsketch.js

```
1  // TwoPushPop
2  function setup() {
3    createCanvas(100, 180);
4    ellipse(50, 20, 30, 30);      // 白で描画される
5    push();                        // 描画属性を保存する
6      fill(128);                   // 濃いめの灰色にする
7      ellipse(50, 50, 30, 30);     // 濃いめの灰色で描画される
8      push();                      
9        fill(200);                 // 薄めの灰色にする
10       ellipse(50, 80, 30, 30);   // 薄い灰色で描画される
11     pop();
12     ellipse(50, 110, 30, 30);    // 濃いめの灰色で描画される
13   pop();                         // 保存した描画属性に戻す
14   ellipse(50, 140, 30, 30);      // 白で描画される
15 }
```

```
16
17 function draw() {
    …
```

　多段に使用した場合は、pop 関数を実行すると 1 つ前に push 関数で保存した描画属性に戻ることに注意してください（いわゆるスタック構造になっています）。

付録 D HTML 内の描画領域の表示場所の指定

　ここでは、描画領域に描画した内容を HTML 内で表示する位置を指定する方法を説明します。
最も簡単なのは 1.5.3 節で説明した p5.js Web エディタのファイルメニューの共有項目で「埋め込み」と使うことですが、ここでは別の方法を紹介します。p5.js のプログラムは HTML で canvas タグが書ける場所に配置できます。まず、index.html 内に適当なタグを書き ID を指定しておきます。

リストD.1●CanvasParentのindex.html

```
 1  <!DOCTYPE html>
 2  <html>
       …
13    <body>
14    <h2>以下がp5.jsの実行結果です</h2>
15    <div id="p5Sketch">
16    <p>
17      この下にp5.jsの描画領域が表示されます
18    </p>
19    </div>
20    これは、ellipse関数を使用した例です。
21    </body>
22  </html>
```

　15 行目の div タグに id="p5Sketch" と指定されているのがわかります。あとはこの ID を以下のように sketch.js で指定するだけです。

リストD.2●CanvasParentのsketch.js

```
 1  // CanvasParent
 2  function setup() {
 3    let canvas = createCanvas(100, 100);
 4    canvas.parent("p5Sketch");    // idを指定する
 5    ellipse(50, 50, 30, 30);      // 円の描画
 6  }
 7
```

```
8  function draw() {
     …
```

　3行目で createCanvas 関数の戻り値（p5.Element オブジェクト）を canvas という変数にとっておき、4行目で parent メソッドの引数に、先ほどの id に指定した "p5Sketch" を指定します。こうすることで parent 関数は描画領域（canvas）を、指定した ID を持つノードの子に設定してくれます。実行結果を以下に示します。

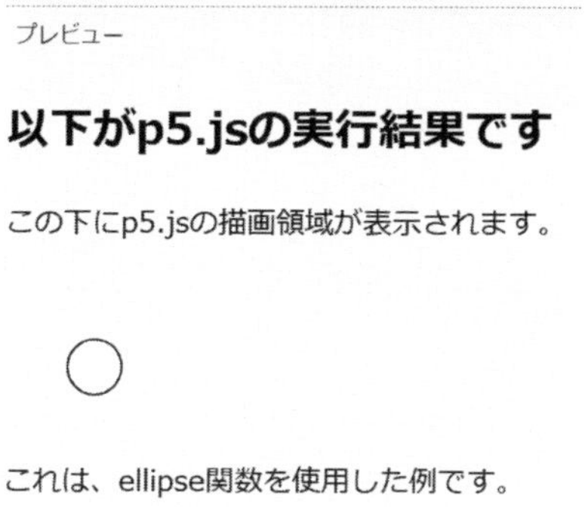

プレビュー

以下がp5.jsの実行結果です

この下にp5.jsの描画領域が表示されます。

これは、ellipse関数を使用した例です。

図D.1●実行結果

付録 E　Processing から p5.js への書き換え

Processing で書かれたプログラムを p5.js で動くようにするのはそれほど難しくありません。実際にブラウザで動くようにするには、index.html が必要ですが、これは、本書の index.html がそのまま使えます。まずは書き換える Processing のプログラムを見てみましょう。

リストE.1●Processingのプログラム

```
1  void setup() {
2    size(320, 180);
3  }
4
5  void draw() {
6    background(255);
7    for (int x = 0; x < 20; x++) {
8      rect(x, x, 10, 10);
9    }
10 }
```

書き換えの仕方を説明するためのものなので少し意味がないプログラムですが、これを p5.js に書き換えると次のようになります。

リストE.2●Processingのプログラムをp5.jsに書き替えたもの

```
1  function setup() {              // void setup()をfunction setup()に変更
2    createCanvas(320, 180);       // size()をcreateCanvas()に変更
3  }
4
5  function draw() {               // void draw()をfunction draw()に変更
6    background(255);              // background()と同じ
7    for (let x = 0; x < 20; x++) { // int xをlet xに変更
8      rect(x, x, 10, 10);        // rect()は同じ
9    }
10 }
```

書き換えの際に必要な作業は次の2つです。

（1）Processing のプログラムを JavaScript に変更する

（2）p5.js で Processing と異なる関数名を修正する

では、（1）と（2）に関して、変更前と変更後のプログラムを見てみましょう。

（1）Processing はデータ型を持つ言語であり、JavaScript は持ちません。これにより関数の定義方法が異なります。1 行目と 5 行目の setup と draw 関数ですが、JavaScript では関数の定義は function で行うため、Processing で void setup() となっているものを function setup() に変更します。これは draw 関数も同様です。次に書き替えが必要なのは変数の定義です。JavaScript は型指定がないので、例えば 7 行目の for 文の変数 x は int x から let x に書き替える必要があります。

（2）Processing の関数名と p5.js の関数名はほとんどが同じですが、違うものもあります。2 行目の createCanvas 関数がその 1 つです。Processing では実行結果を表示するウィンドウのサイズを size 関数で指定しますが、p5.js では createCanvas 関数で指定します。一方、6 行目の background と 8 行目の rect は Processing と p5.js で同じ関数ですのでそのまま使えます。

　基本的にはこれくらいでほとんどのプログラムは動くはずです。あとは、画像や動画の読み込みなどが異なるので注意してください。

付録

索 引

■ 著者プロフィール

松田 晃一（まつだ・こういち）

博士（工学、東京大学）。石川県羽咋市生まれ。『宇宙船ビーグル号の冒険』を読んでコンピュータの道へ進む。卒論のプログラムをチェックしながらイラストを描きコミケで本を売っていた頃が懐かしい。元ソフトウェア技術者／研究者／管理職、PAW^2 のクリエータ。コンピュータで人生を「少し楽しく」「少しおもしろく」「少し新しく」「少し便利に」すること、HCI/AR/VR/UX、画像処理、機械学習、説明可能性、MLOps、モバイル機器、書籍の執筆、技術書、SF、一般書の翻訳などに興味を持つ。本書で扱った ml5.js はなかなか面白く、もう少し深めてみたいと思っている。

著書に『Python ライブラリの使い方』（カットシステム）、『学生のための Python』（東京電機大学出版局）、『WebGL Programming Guide』（Addison-Wesley Professional）など、訳書に『プログラミングのための数学』（マイナビ）、『生成 Deep Learning』、『詳解 OpenCV3』（オライリー・ジャパン）、『デザインのためのデザイン』（ピアソン桐原）など、51 冊（本書を含む）。

p5.js プログラミングガイド　改訂版

2015 年 12 月 10 日　　初版第 1 刷発行
2021 年 12 月 10 日　　改訂第 2 版第 1 刷発行

著　者　　松田 晃一
発行人　　石塚 勝敏
発　行　　株式会社 カットシステム
　　　　　〒 169-0073 東京都新宿区百人町 4-9-7　新宿ユーエストビル 8F
　　　　　TEL（03）5348-3850　　FAX（03）5348-3851
　　　　　URL　https://www.cutt.co.jp/
　　　　　振替　00130-6-17174
印　刷　　シナノ書籍印刷 株式会社

本書に関するご意見、ご質問は小社出版部宛まで文書か、sales@cutt.co.jp 宛に e-mail でお送りください。電話によるお問い合わせはご遠慮ください。また、本書の内容を超えるご質問にはお答えできませんので、あらかじめご了承ください。